Super ET

Francesco Piccolo
L'Italia spensierata

Einaudi

Edizione pubblicata su licenza Gius. Laterza & Figli Spa, Roma-Bari

© 2014 Giulio Einaudi editore s.p.a., Torino

www.einaudi.it

ISBN 978-88-06-22291-8

L'Italia spensierata

Prologo
Quelli belli come noi

Diciamoci la verità
per far cantare tutti la canzone c'è
è questo ritornello che
che non vuol dire niente però un segreto c'è:
chi non la canta subito
chi non la canta subito
in un momento – alè – diventa brutto.
E invece quelli belli come noi che sono tanti
a cantarla tutto il giorno vanno avanti
cantarla ci sta bene, ma proprio bene bene
chi non la sa cantare resta solo
e solo che cosa fa? Piú brutto ancora diventerà.

Alice ed Ellen Kessler

Molti anni fa, nell'inverno del 1969, avevo cinque anni e mia sorella tre. Il sabato sera mia madre ci faceva il bagno, ci asciugava i capelli per un tempo infinito, ci riempiva di borotalco, ci infilava il pigiama. Mio padre veniva a prenderci in bagno e in braccio ci portava in soggiorno, su un divano enorme. Poi andavano di là, mentre noi vedevamo *Carosello*, e preparavano dei grossi panini con la frittata che erano morbidissimi, grazie all'olio e al calore. Ci sedevamo tutti e quattro sul divano e mangiavamo, aspettando. L'annunciatrice diceva che stava per cominciare. Infatti apparivano le gemelle Kessler, seguite in ogni movimento da un microfono gigantesco che cadeva dall'alto (si chiamava «la giraffa»): ballavano con sincronia perfetta, con l'intento, credo, di apparire una lo specchio dell'altra, e ci dicevano che se cantavamo insieme a loro, quella sera, eravamo belli come loro, e se non cantavamo, eravamo brutti. Noi cantavamo. Ed eravamo piú che sicuri di far parte di una comunità molto grande quella sera, una comunità di gente come noi che aveva la casa occupata dall'odore di borotalco e di frittata. E che cantava come noi.

Quelli belli come noi è una canzone scritta da Canfora, Verde, Terzoli e Vaime, ed era la sigla di *Canzonissima*, il programma di varietà piú seguito in quegli anni. Il varietà televisivo era un modo allegro e sentimentale per far passare serenamente il sabato sera alle famiglie italiane, ed era anche (o: quindi) un elemento strategico dal punto di vista politico per la costruzione del consenso, per formare una memoria condivisa. Se uno non ha cinque anni, o non li ha piú, comprende senza illusioni che la sigla del programma era una canzone che mirava a qualcosa. Era un motivetto allegro e che restava nella testa, certo, ma era anche un messaggio molto serio e molto rassicurante (che doveva restare nella testa, appunto); in pratica, diceva: stiamo vivendo anni di cambiamento e di rivoluzioni grandi o piccole, stiamo subendo destabilizzazioni, ma se voi, la grande maggioranza degli italiani, seguite noi, state con noi, noi resteremo saldi nei nostri vecchi principî e nessuno potrà farci del male. Lí fuori la gente urla, ma sono pochi e brutti. Qui, al caldo delle case, con tutte le famiglie sui divani, unite, siamo tanti e siamo belli. Come poteva venirti voglia, se stavi seduto con tutta la famiglia in quell'odore di pulito e di fritto, di stare lí fuori con la minoranza e non qui dentro con la maggioranza?

Del resto, anche qualcun altro, in quegli anni, cantava con convinzione e molto successo un'esortazione simbolico-profetica agli italiani: finché la barca va, lasciala andare...

Quella canzone-tormentone, negli anni, mi è rimasta in mente come un evento traumatico: è il punto in cui si incontrano l'omologazione piú (s)frenata e la felicità piú nitida. Tutta la mia vita è stata un elastico tra la coscienza e l'abbandono. Tra la capacità di ragionare su quello che vedo e la volontà di perdermi nella partecipazione. Ogni volta che mi torna in mente il refrain di *Quelli belli come noi*, la coscienza mi dice che nella sua leggerezza è infida, che va combattuta; ma la memoria mi porta a un momento perfetto, a un senso di felicità assoluta, quello che ricordo con piú rapidità quando penso alla mia infanzia, in cui aderivo senza alcuna resistenza all'esortazione delle Kessler. Se c'è un punto in cui la mia personalità si sente in bilico tra due esperienze, idee e percezioni del mondo, è quando attraverso il ricordo della sigla di *Canzonissima* metto a confronto un senso di allarme e una volontà di partecipazione. Da lí, credo, nasce l'io narrante che vive e indaga l'Italia spensierata.

In carne e ossa

Sono quasi le due del pomeriggio di questa domenica d'inverno gelido, e io sono davanti ai teatri di posa della Dear in via Romagnoli, a Roma. C'è silenzio e ci sono soltanto io, quindi quello che mi hanno detto è vero: Mara Venier sta per cominciare la sua parte di *Domenica in*, che si chiama «Anteprima», e il fatto che si chiami cosí la rende talmente diversa da tutto il resto, che non è qui, dove fanno *Domenica in*, ma al Teatro delle Vittorie. E io che ho scelto di venire a vedere dal vivo *Domenica in* un po' (o forse molto) anche per lei, mi ritroverò tutto il pomeriggio senza di lei. La questione è che io e Mara Venier abbiamo un conto in sospeso, a prescindere dal fatto che lei ne sia o no consapevole. A causa sua, oltretutto, e del timore di non entrare, sono venuto con talmente tanto anticipo sull'orario d'ingresso (fissato dopo le due e mezza) che i sorveglianti mi trattano con un bel po' di disprezzo mentre mi dicono che è presto e che devo tornare non prima di un'ora (e sarà comunque prima delle due e mezza). Non mi guardano negli occhi e non mi piace: sento da parte loro una malcelata arroganza che esprime sia superiorità sia insofferenza; e non mi piace. Ho chiesto solo se è questa l'entrata per il pubblico di *Domenica in* e se il mio nome è segnato tra quelli che possono entrare. Mi hanno detto di sí e questo mi rassicura. Me ne vado in cerca di un bar per un caffè, nel deserto di una zona residenzial-periferica nel dopopranzo della domenica. Non c'è niente, non c'è nes-

suno – fino a quando non trovo qualche centinaio di metri
piú in là un grande incrocio e una scritta «Lo zio d'Ameri-
ca» e i vetri lunghi e lucenti di una pasticceria, entro e c'è
tanta gente, e mangio tre (sí, tre) aragoste alla crema, bevo
il caffè e compro sigarette leggere e accendino, anche se non
fumo piú. Ma mi faccio offrire sigarette durante le cene con
gli amici, nelle notti d'estate, quando bevo il caffè con qualcuno che fuma, quando c'è da festeggiare qualcosa o quando sono molto incazzato. E in momenti speciali come oggi,
quando vado in qualità di pubblico a vedere *Domenica in*.

Quando torno, si vede che è l'ora giusta. C'è tanta gente
davanti all'ingresso, e un pullman targato Arezzo scarica una
comitiva di signore e signori perlopiú anziani che sono abbastanza eccitati e guidati da uno che sembra sapere il fatto suo,
e si aggira abbastanza orgoglioso del fatto che il suo pullman
di gente di Arezzo non abbia dovuto passare lo sbarramento
doganale al quale ci stiamo sottoponendo noi. Bisogna consegnare il documento d'identità; una signora ha soltanto la
tessera sanitaria nuova di zecca, sostiene che è scritto su tutti
i giornali che vale come documento d'identità, lo so anch'io
ma non ho nessuna voglia di aiutarla perché non ho nessuna
voglia di inimicarmi coloro che detengono il potere: bado al
fatto che voglio superare *io* lo sbarramento, quindi non voglio
creare altri malintesi con quelli che decidono se passi o no.
La guardia non legge i giornali, la cosa in ogni caso è troppo
recente perché possa essere accettata con disinvoltura, e alla fine si giunge al compromesso di accettarla parzialmente:
la signora entrerà, ma con una dichiarazione del marito che
quella è sua moglie; e anche con la tessera sanitaria. Metà e
metà, insomma, e nessuno è insoddisfatto.

Ci dicono di consegnare i documenti uno alla volta, di
scandire bene il nome, di aspettare appena fuori dalla guar-
diola la restituzione del documento, di non restare troppo
vicini e di non parlare ad alta voce. Ci danno degli ordini,
in pratica, e questi ordini non sono camuffati in nessun modo. Non ci trattano bene, se devo parlare chiaro. Penso che

qui all'ingresso, forse, sono frustrati per il fatto di essere ai
margini della macchina televisiva, oppure provano piacere
nell'esercizio di un potere qualsiasi, sia esso anche soltanto
quello di gestire un sottoprodotto di passaggio doganale. In
fila, poi, a un certo punto squilla un telefonino molto grande e quasi quadrato; una signora risponde e non so se ha
premuto il tasto vivavoce – ma penso poi, riflettendo, che
forse il videotelefonino deve andare automaticamente in vivavoce, sennò uno come fa a parlare e guardare le immagini
contemporaneamente? Infatti un signore dall'altra parte (il
marito, capiamo tutti) urla a squarciagola che lui la vede, ma
lei lo vede? E lei dice che non lo vede e poi però lo vede e di
nuovo non lo vede, ma lui la vede sempre? In pratica parlano
solo di questo. Non so se il marito ha chiamato soltanto per
sapere se lei lo vede, mi sembra di sí – perché poi alla fine,
quando sono riusciti a vedersi, si sono salutati soddisfatti e
la telefonata è finita, anche se la signora si vergognava un
po' di aver subito le urla del marito davanti a tutti noi –, e
cosí possiamo concludere che anche il videotelefonino (oltre
alla tessera sanitaria) è agli albori, almeno per questa coppia
di anziani signori che di sicuro si parlavano al videotelefonino per la prima volta. Ogni oggetto che è agli albori non è
ancora un mezzo ma è soprattutto il fine per cui si usa quel
mezzo. Del resto, anche se compriamo un frigorifero nuovo,
quando lo mettiamo in funzione la prima cosa che cerchiamo
di capire non è se il latte o le uova sono nel posto giusto, ma
è: vediamo come funziona. Per tutto il resto della vita ci in-
teresserà cosa c'è dentro, ma nei primi giorni ci interessa il
frigorifero in sé, e non cosa c'è dentro. L'autoreferenzialità
del prodotto, in questo caso del videotelefonino, insomma,
ha una sua logica e, nei primi tempi, una sua giustificazione.
Lo dico perché il telefonino pone la questione dell'autoreferenzialità in maniera profetica rispetto a ciò che sto andando
a vedere, anche se ancora non me ne rendo conto mentre la
signora vede e non vede il marito. Tutto ciò che accadrà durante il pomeriggio si riferirà sempre alla televisione, come

se fossimo sempre nel primo mese dell'invenzione del mezzo, e quindi rimane piú importante ciò che accade lí dentro
che non il rapporto tra quello che si fa lí dentro e la realtà.
Quindi, adesso che sto superando la barriera e sto entrando
nello spazio degli studi, da questo momento in poi la televisione non sarà solo il mondo che mi conterrà ma anche ciò
di cui ci occuperemo tutti, e se c'è qualcuno che è rimasto a
casa, mi vedrà o non mi vedrà attraverso lo schermo.

Mentre aspettiamo i documenti, e poco dopo, mentre
aspettiamo fuori la porta di entrare negli studi televisivi, si
avvicinano a noi alcune persone tutte con la stessa caratteristica: sono dei dipendenti Rai di qualsiasi tipo, dirigenti o
aiuto costumista, o elettricista o quant'altro, che c'entrano o
meno con *Domenica in*. Ognuno si avvicina al proprio gruppo
e viene accolto come un eroe della grande guerra. Ognuno
dei dipendenti Rai, scopro, ha invitato – fatto entrare, rac-
comandato – un gruppo di persone che siano parenti o amici
o amici di parenti o parenti di amici. E adesso viene lí a raccogliere la soddisfazione del ringraziamento mentre risponde che non c'è nulla da ringraziare, a mostrare il suo potere
facendo finta che tutto questo non abbia nessuna importanza, dicendo ma figurati, e dando consigli su come muoversi,
dove sedersi, rivelando qualche retroscena, il tutto costante-
mente con l'aria annoiata di chi con questo mondo ha a che
fare tutti i giorni e quasi non ne può piú. Questo sfoggio del
proprio umore funziona tantissimo, perché invece gli invitati sono eccitatissimi dalla loro prima volta, e sulle matricole
fa sempre una grande impressione l'aria navigata, annoiata.
Uno dice a un ragazzo: «Ma sei vestito pesante, guarda che
lí dentro fa un caldo, cosí non va bene...»; e il ragazzo, con
orgoglio: «Lo so, ma ci siamo vestiti a cipolla, vedi?, come
ci avevi consigliato tu». E alza una serie di strati di maglia.
Quando i dipendenti Rai si allontanano, i loro invitati prima
si guardano intorno orgogliosi di questa parentela o aggan-
cio, poi tra loro parlano del loro protettore con deferenza e

stima, dicono che lavora tanto e da tanti anni, che conosce tutti; una signora dice che per esempio conosce la Gorgia, e il ragazzo (figlio o nipote) vestito a cipolla la corregge sotto-voce, perché si vergogna: la Corna. «Ah sí, la Corna, chissà perché la chiamo la Gorgia», e poi continua a parlare per far dimenticare l'errore: è stato gentilissimo quando gli abbiamo chiesto di venire – «E poi, hai visto?, con tutto quello che ha da fare ci è venuto pure a salutare». Gli invitati, però, troppo immersi nel loro orgoglio, non si rendono conto che lo sfoggio di un potere è un avvenimento troppo importan-te per essere trascurato, per non andare a raccogliere i frut-ti del ringraziamento e della deferenza. Il dipendente Rai, e chiunque altro al mondo, nel momento in cui riceve la tele-fonata di richiesta di entrare a *Domenica in*, allo stesso tem-po riceve l'occasione di mostrare un suo piccolo potere e non solo la sfrutta fino in fondo, ma lo fa con davanti agli occhi l'immagine eccitante del momento in cui andrà a raccogliere i ringraziamenti dicendo che non lo devono ringraziare, che gli ha fatto solo piacere.

Il risultato concreto di tutto ciò è che, a parte il pullman di Arezzo che non so con quali mezzi sia entrato cosí trion-falmente, tutti noi *non* abbiamo fatto domanda di partecipa-zione in qualità di pubblico alla Rai Radiotelevisione Italia-na – *Domenica in* – Dear, via Ettore Romagnoli 30, 00137 Roma, perché, quando abbiamo tentato, abbiamo subito capito che le procedure burocratiche ci avrebbero portato in fondo a un tunnel da cui saremmo potuti uscire soltanto nell'epoca di *Domenica in* in tre dimensioni e interattiva (e un qualsiasi comico, adesso, non perderebbe l'occasione di dire: ma sempre condotta da Pippo Baudo – battuta che ho sentito dire, nella mia vita, da quando ero bambino a oggi, circa un miliardo di miliardi di volte, da comici di bassa lega fino a Benigni e Grillo, da mia suocera a un amico simpatico a cena – e in verità, pur essendo nauseato da questo tipo di battute, devo ammettere che oggi vado a vedere *Domenica in* condotta da Pippo Baudo). Bisogna aggiungere che questa è

solo un'ipotesi, perché è possibile che, una volta superato lo
scoramento iniziale, poi le pratiche sarebbero state veloci, ma
la Rai ha una caratteristica molto romana riguardo a qualsiasi
richiesta, che nel campo lavorativo romano corrisponde non
soltanto alle richieste gratuite come in questo caso, ma anche a quelle fatturabili e pagabili come per qualsiasi artigiano,
commerciante eccetera. Cioè, alla prima richiesta di un posto
da spettatore a *Domenica in*, di un elettricista per montare
delle luci, di un meccanico per un problema alla moto, di un
esperto per il cambio del telefonino, di un ascensorista per un
preventivo di ascensore, di un tassista per essere condotti in
un luogo nemmeno troppo lontano, la prima reazione è sempre fortemente scoraggiante; di solito ci si sente rispondere
immediatamente: non si può fare; si vede l'ascensorista o il
tassista o l'elettricista che scuotono la testa e dicono che non
si può fare, oppure, quando va bene, che è molto difficile (e
comunque tendono a scuotere la testa). Poi, se si riesce a superare quest'ostacolo innalzato repentinamente, si può anche
procedere con normalità, ma la soglia psicologica di quest'ostacolo è alta, molto alta, abbastanza alta da costituire appunto
una soglia psicologica nella quale il primo consiglio che cerca
di darti chi risponde è: lascia perdere. E, ripeto, anche quando è occasione di guadagno facile e immediato. È come se a
Roma ci fosse una sorta di training continuo in cui la popolazione lavorativa ti chiede in modo filosofico-mistico-agonisti-
co di fare qualsiasi cosa solo se davvero la vuoi fare, se ne sei
fortemente convinto, se senti di doverla fare e di non poter-
vi assolutamente rinunciare. Ti chiede, insomma: davvero è
necessario mettere delle lampade nuove al soffitto? Davvero
la tua moto non può andare avanti così? Davvero c'è bisogno
di un telefonino nuovo? Davvero non puoi salire le scale che
ti farebbe anche bene? Davvero è così urgente raggiungere
una strada secondaria del quartiere Prati? E davvero nella
tua vita è importante andare come spettatore a *Domenica in*?

Ecco, questa prova iniziale è ciò che faticosamente a Roma bisogna sempre avere la forza di superare. I nervi, le ener-

gie non sempre sono pronte a farlo, e spesso rinunci. Vieni sconfitto da quello scuotere di testa. Non solo, ma il dubbio filosofico-mistico che ti hanno lasciato è che forse hai rinunciato perché non desideravi *davvero* ottenere quell'obiettivo. La signorina della Rai che detta le istruzioni sembra che racconti le cose con una tale complicazione che uno subito pensa: ma chi me lo fa fare. E poi pensa: quando riuscirò davvero a entrare?

Alla fine anch'io, come altri, ho chiamato un'amica che lavora in televisione, l'ho chiamata il giovedí e la domenica ero qui a *Domenica in*, con il mio nome scritto per esteso sulla lista degli spettatori di oggi.

Quando urlano i nostri cognomi per riconsegnarci il documento, possiamo passare alla seconda fase: cioè entrare nei teatri di posa, sempre guidati da indicazioni urlate come se fossimo una mandria, a volte spinti, non direi con violenza, ma con decisione, se qualcuno devia dalla strada giusta. Ci fermiamo davanti a un banchetto dove ritiriamo il foglio da firmare per la liberatoria: diamo la nostra autorizzazione a essere ripresi dalle telecamere. Alcuni ne prendono una decina, pensando che essendo gratis bisogna accumularli. Ogni angolo del corridoio è occupato da noi che scriviamo i dati e firmiamo; e da persone che lavorano a *Domenica in* che ci chiedono innervosite di spostarci. Vado in bagno e mentre faccio pipí leggo intorno a me le scritte sui muri che dicono che Antonella Clerici è una troia, che alla Corna vorrebbero metterglielo in bocca, e che i figuranti non piangono mai, e questa, con tutto il rispetto per la Clerici e la Corna, è la frase che mi rimane piú incomprensibile. In quel momento penso che non sono uno spettatore, adesso mi viene in mente, ma un figurante, e lo penserò per molti minuti fino a quando dentro capirò che i figuranti non sono io né quelli come me – nemmeno quelli di Arezzo, e la cosa non so perché mi dà sollievo – ma altri, piú giovani e carini (qui attorno a me, non in questo momento in bagno, ma nel gruppo di spetta-

tori, ci sono perlopiú donne anziane impellicciate e ingioiel-
late e qualche marito), che fanno i figuranti come lavoro di
arrotondamento nella speranza di ottenere qualcosa in piú,
un giorno, qui dentro; cioè vengono pagati e sono pronti a
occupare i posti migliori, ad avere un atteggiamento positivo e a sostituire noi spettatori che andiamo in bagno se la
diretta ricomincia. Quindi la mia illusione di essere un figurante svanisce subito.

Ma andiamo con ordine. Ci indicano un guardaroba dove poter mettere i cappotti, ma non sono ancora le tre, e «il
personale» arriva alle tre. È una specie di gabbia chiusa dagli stand di attaccapanni, con due banchi di scuola in mezzo
e un nastro rosso e bianco di quelli dei lavori in corso chiuso
intorno. Dire che è un guardaroba improvvisato è dire poco.
Eppure qui siamo alla Rai, intorno passano già ballerine con
le *paillettes* sfolgoranti, ma il corridoio è triste, le luci sono
giallognole, il guardaroba sembra un luogo per sfollati. Noi,
e tra noi soprattutto quelli di Arezzo che hanno il permesso
di entrare negli studi prima di tutti (forse è per questo che
cominciano a starmi leggermente sul cazzo), ce ne freghiamo
dell'assenza del personale e buttiamo tutti i cappotti sulle
stampelle numerate. Ci sono anche i tagliandini lí, e qualcuno di Arezzo sta per prenderli e distribuirli quando veniamo sgridati (sí, è la parola giusta: sgridati) da una signora
che dice che siamo incivili e che sono quasi le tre e possiamo
aspettare. Alle tre e cinque in effetti arrivano due ragazze
molto giovani (il personale) che si trovano davanti al lavoro
già fatto e non sono contente perché tutti noi ci accalchiamo
come alla borsa di Tokyo intorno al banco a urlare numeri
perché vogliamo i tagliandini che corrispondono al numero
della nostra stampella, e una di Arezzo vorrebbe i tagliandini di tutti quelli di Arezzo, perché, dice, li ho messi tutti in
uno stand, vede, dall'1 a... e poi si rende conto lei, si rendono conto le ragazze, ci rendiamo conto tutti che dopo l'1, in
quello stand, c'è il 23, il 6, l'82, il 31 e cosí via. Un altro urla il numero 123 che la ragazza cerca in fondo ai tagliandini

ma che non esiste, i tagliandini arrivano fino al 99, tuttavia scopriamo che di numeri sopra il 100 ce ne sono un bel po'. In questo casino io riesco a ottenere da una delle due ragazze molto incazzate con noi il 92 solo perché ha dato il 91 a una signora esasperante, e allora io ho colto l'occasione e ho detto: «Se prende anche il 92...», e la flebile timidezza ha penetrato subito il cuore del personale.

Poi mi sono fiondato davanti alla porta d'ingresso dello studio a fare quello che fanno gli altri: spingere, insensatamente spingere per entrare. Ci sono due uomini davanti alla porta che ci fanno entrare quattro alla volta, mentre noi ci autopressiamo e spingiamo; anche loro ci trattano malissimo, urlando di stare buoni e di aspettare, cosí come ci trattano malissimo autori, coreografi e macchinisti che devono passare da quella porta e farsi largo, e allora fendono la folla urlando di levarsi e si incazzano anche con i buttafuori che non ci tengono a bada. Nessuno ci guarda negli occhi e tutti ci indicano come «questi qui». Accanto a me c'è una signora che siederà al mio fianco per tutto il tempo di *Domenica in*, tra poco. È insieme al marito. È una truccatrice Rai in pensione, si infastidisce molto della situazione, cerca di dare ordini ai due buttafuori come se fosse non una ex truccatrice ma un ex amministratore delegato della società dei buttafuori; poi dice di continuo a tutti noi che lei se voleva non stava certo in questa situazione perché lei conosce tutti, ed è vero, perché molti passano e lei li chiama e loro la salutano; ma nessuno si preoccupa di farla passare. Lei spinge, urla, dice fateci passare e poi racconta che è sempre cosí, che lei se voleva però poteva entrare. Poi, quando sarà accanto a me, sugli spalti, le accadrà una cosa spiacevole: mentre Luisa Corna salirà le scale per infilarsi dietro una porta ed essere presentata, e la gente le starà stringendo la mano e le starà dicendo che è bella e brava, la ex truccatrice la chiamerà, urlerà: «Luisa!» e la saluterà, e Luisa Corna risponderà con un sorriso e con un grazie cosí come ha appena risposto a tutti gli altri; lei dirà al marito, intristita: «Non mi ha riconosciuta». Il marito

per rassicurarla le toccherà la mano e dirà che in questa con-
fusione poverina come fa, poi dopo la andiamo a salutare. E
io tratterrò con molta fatica il desiderio di abbracciare sia
lei sia il marito e tenermeli stretti sulle spalle e dire che sono
con loro, dire alla signora delusa che non deve fare cosí, che
tutti gli occhi che ha truccato sono stati preziosi, che nessuna
vita è sprecata e che devono pensare, dobbiamo pensare di
essere felici perché siamo stati comunque fortunati rispetto
a tanta altra gente. E chi se ne frega di Luisa Corna – pensate che una signora qui la Corna continua a chiamarla la
Gorgia, le avrei detto, perché in qualche modo mi sarebbe
sembrato consolante.

Finalmente, mentre il marito dell'ex truccatrice dice che
ormai i posti migliori se li sono presi gli altri, entriamo. Ci
accoglie un uomo bassino, giovane, con dei fogli in mano.
Siamo nello studio di *Domenica in*. Non c'è tempo di guardare adesso, perché anche lui ci dà degli ordini. Ci squadra da
capo a piedi, e capisco che dal nostro fisico e dal nostro look
può decidere il posto che ci assegnerà (è il suo lavoro). Ma
anche lui non è gentile, tutt'altro, ci fa sedere a circa metà
della platea, dice sbrigativo di stringerci e di non azzardarci
a cambiare posto. Accanto a me ho a destra la ex truccatrice
e quindi suo marito. Dall'altra parte ho una signora di circa
sessant'anni, vestita come un'adolescente degli anni Ottanta e con un'abbronzatura da lampada che le ha praticamente
bruciato il viso; la sua occupazione principale, durante tutto il pomeriggio, sarà insultare a qualsiasi proposito Simona
Ventura, per la quale prova un odio profondo e viscerale, cosí
profondo che non riesco ad accettare l'idea che possa essere
cresciuto solo in un rapporto televisivo ma immagino debba esserci stato qualche episodio privato di un certo rilievo,
anche se penso che, se è cosí, allora la signora accanto a me
è qui per alzarsi e tirare fuori una pistola e uccidere Simona
Ventura in diretta televisiva. Per questo, appena possibile,
mi informo se per caso Simona Ventura sia ospite della tra-

smissione; l'uomo bassino mi guarda con assoluto disprezzo e anche con sospetto, come se pensasse che sia io il killer della Ventura, mentre mi risponde che la Ventura, se non lo sa, in questo momento è in diretta su Rai Due. «Ah già, è vero», dico. E mi rilasso.

La improbabile killer di Simona Ventura, vestita come Sabrina Salerno o Jo Squillo a metà degli anni Ottanta, mi sembra tuttavia un'esperta della situazione perché subito mi dice: «Stia largo, non facciamo sedere più nessuno sennò finiamo come le sardine».

Guardo l'orologio: sono le 15 e 17. Mancano quarantatre minuti all'inizio di *Domenica in* vera, non «Anteprima». Sono qui già da un sacco di tempo, e starò qui fino a stasera. I posti non hanno schienali, sono delle gradinate, quindi sarà un po' dura. Mi guardo intorno. Gli studi televisivi sono un po' tristi, molto vuoti, quasi con una punta di squallido, almeno fino a quando non si accenderanno le luci di scena. Le luci di scena rendono tutto vivo e colorato, mentre adesso di fronte a noi c'è sulla destra una specie di macchina del tempo stile *Frankenstein junior*, al centro un grande schermo con il logo di *Domenica in*, a sinistra una specie di ruota della fortuna con numeri e le facce colorate alla Andy Warhol di tutti i personaggi televisivi (poi capisco che sono stati tutti conduttori di *Domenica in*), ancora più a sinistra una postazione per la piccola orchestra e poi l'intero studio vuoto, completamente vuoto, con un paio di telecamere ferme in mezzo, un sacco di gente che va e viene, a terra una specie di linoleum grigio da palestra di scuola elementare, in alto una specie di labirinto di spot che illumineranno tutto – ma per ora niente. Ora c'è una luce grigina che fa pendant con il linoleum, un viavai di autori, tecnici; un signore prende il microfono e ci dice che dobbiamo essere contenti di essere qui come sono contenti loro di averci qui, che sarà una puntata bellissima e che il nostro entusiasmo lo dobbiamo mostrare tutto. Ci dice, inoltre, che stasera non finisce quando finisce, ma appena dopo la chiusura della diretta ci sarà la registrazione con un ospite a sorpresa che non vi dico e quindi vi vogliamo qui ancora per una mezzora-quaranta minuti e sono sicuro che sarete contenti di restare. Questa storia ci viene raccontata dal signore (che mi dicono si chiama direttore di studio, e che riveste qui anche la funzione di capoclaque – o, come si dice oggi, di scaldapubblico) come se lui facesse un favore a noi nel darci un ospite a sorpresa in piú, ma in realtà facciamo noi un favore a lui a rimanere qui, mi sembra. Certo, a meno che l'ospite a sorpresa non sia una figata pazzesca, ma se è una figata pazzesca, mi chiedo, come mai non lo annunciano? Lo faranno piú tardi. Il direttore di studio poi si avvicina a quelli delle prime file e chiacchiera, fa battute, mette mani sulle spalle, è l'unico che crea un rapporto che servirà a lui e a noi tra poco quando comincerà a chiederci di battere forte le mani ogni quindici secondi e di alzarci in piedi ogni due minuti per mostrare tutto il nostro entusiasmo. Quindi, anche lui è un po' stronzo, perché si mostra gentile con noi solo perché gli serviamo. Questa cosa comincia un po' a innervosirmi.

Per fortuna che, a placare il senso di estraneità che il nervosismo può cominciare a produrre, da alcuni piccoli schermi che sono situati in alto appare Mara Venier, che è con noi ma non è con noi, perché il programma è sempre *Domenica in* ma non si fa qui. Sta parlando con Vittorio Cecchi Gori, ma noi non la sentiamo. Poi ci sono dei ballerini e dopo appare Juliette Binoche seduta su uno sgabello in mezzo allo studio, sola, alle sue spalle dei ragazzi seduti a terra che applaudono. Dopo qualche secondo appare accanto a lei Giucas Casella vestito da donna, dice qualcosa che noi non sentiamo, Juliette Binoche (volete che vi elenchi i film che ha fatto?) sorride imbarazzata nel vedere quest'uomo che non sa chi sia vestito da donna in modo osceno che fa sbellicare dalle risa i ragazzi alle sue spalle, ma è costretta a stare al gioco e io sto male quanto lei fino a quando, dopo un tempo che mi sembra infinito, riappare Mara Venier, divertitissima, e manda via Giucas Casella donna. Noi tutti siamo qui a guardare la televisione come se fossimo a casa, solo che qui fa piú freddo che a casa, si sta piú scomodi che a casa, le televisioni sono piú lontane che a casa e non c'è l'audio. Almeno fino a quando qualcuno non decide che, visto che stiamo qui a guardare, tanto vale farcela pure ascoltare Mara Venier. E quando sento la sua voce, come trasportato nel tempo, mi ritrovo immediatamente in quel punto e in quel momento in cui io e Mara Venier, qualche anno prima, abbiamo avuto a che fare l'uno con l'altra. Forse.

Qualche anno fa lei conduceva sempre *Domenica in*. Era piú giovane ma era bella come adesso, con questi completi bianchi eleganti, con queste tette enormi, e guardava dritto in faccia al pubblico a casa, mentre gli parlava o gli chiedeva delle risposte grazie alle quali avrebbe elargito un sacco di soldi. Io facevo con la televisione come ho sempre fatto: leggevo e scrivevo, e portavo avanti quello che si chiama il lavoro intellettuale, anche di domenica; e poi, appena ero stanco, mi buttavo sul divano e guardavo qualsiasi cosa. Quel momento di relax, giustificato dalla quantità di lavoro intellettuale prodotto, oltretutto di domenica, mi dava un tale sollievo che lavoravo alacremente solo per potermi permettere la giustificazione di una mezzora davanti alla tv. In quella pausa di tempo, facevo un giro per i canali ma poi finivo sempre per essere attirato dagli occhi di Mara Venier che guardavano con insistenza, dal suo sorriso, dai suoi giochini del pomeriggio. Sia chiaro: ero solo in casa, perché altrimenti mi sarei vergognato oppure avrei scosso la testa dicendo a che punto siamo arrivati, com'è ridotto questo paese e cose del genere; non era il caso di vedere *Domenica in* mentre scrivevo un racconto per una rivista, o capitoli di un libro, o, come quel pomeriggio, una recensione a un romanzo di Georges Perec. Ma poiché ero solo, poiché nessuno mi vedeva e poiché ai miei occhi ero comunque giustificato dal fatto di aver appena prodotto qualcosa, mi buttavo sul divano e accendevo la tv, e potevo non scuotere la testa e godermi Mara Venier

che mi guardava dritto negli occhi, mi sorrideva, faceva involontariamente o volontariamente ballare le sue splendide
tette. In particolare, verso la fine della trasmissione, poco
prima del telegiornale della sera, lei faceva un giochino che
era la semplificazione definitiva di tutti i giochini: l'unica
virtú richiesta era che in quel momento tu stessi seguendo
il programma. Perché un computer elaborava un numero di
telefono a caso, di qualsiasi abitazione di qualsiasi paese o
città italiana. E bisognava soltanto rispondere al telefono.
Solo che bisognava rispondere non «pronto» ma «Domenica in». Se alzavi la cornetta e rispondevi «Domenica in» avevi vinto un sacco di soldi – soldi che avrebbero fatto comodo
a chiunque. E anch'io, come tutti i telespettatori, ascoltavo
con ansia il tuu-tuuu lento e lungo che dava il segnale libero,
in attesa della risposta e che la risposta fosse «Domenica in».
Anch'io, come tutti i telespettatori di *Domenica in*, fanta-
sticavo su cosa avrei fatto con quei soldi, non pochi, della
vincita del giochino (e anch'io calcolavo che erano in gettoni
d'oro e che c'erano tasse da pagare). Man mano che la gente non rispondeva (perché non era in casa) o rispondeva un
banale «pronto» perché non stava vedendo *Domenica in*, il
montepremi aumentava, e la settimana successiva era alto, e
l'altra ancora piú alto.

Era un montepremi molto molto alto quel tardo pomeriggio, quando Mara Venier di nuovo chiese di comporre un
numero, disse speriamo bene stavolta, sorrise e mi guardò dal
teleschermo ed esclamò: «Mi raccomando, se squilla il telefono a casa vostra rispondete e dite 'Domenica in'», e poi si
sentí l'audio dei numeri composti; e nel momento in cui si
sentí il tuu-tuuu, in coincidenza perfetta con il primo tuu, il
mio telefono emise uno squillo lungo e deciso.

Rimasi pietrificato.

Non ci potevo credere. Non voglio dire che fosse lei di sicuro, però le circostanze suggerivano che anche se era molto
improbabile, era possibile che fosse lei; Mara Venier stava
guardando me mentre il secondo tuu e il secondo squillo

continuavano, nessuno rispondeva e quindi, a questo punto, forse, forse, forse – ma forse – toccava a me. Mara mi guardava. Mi guardava e diceva: «Speriamo che risponde e speriamo che sta guardando noi», e io stavo veramente guardando loro e stavo guardando il telefono che veramente stava squillando e veramente aveva cominciato a squillare nel momento esatto in cui Mara aveva smesso di comporre il numero; fra tutti i numeri di tutti i cittadini italiani viventi stava squillando il mio numero e poteva essere un caso, senz'altro, ma poteva essere invece proprio Mara, ed è in questo momento che cominciò il panico perché sapevo che io mi dovevo alzare, io che fino a tre minuti prima stavo scrivendo una recensione molto colta su un labirintico libro di Georges Perec ed era a causa di questo pensiero difficile che mi sentivo sfiancato e che per questo mi ero preso mezzora di pausa, solo mezzora, giuro, io adesso mi dovevo alzare e dovevo rispondere al telefono, dovevo alzare la cornetta e non dire «pronto», perché sennò perdevo, ma dovevo – avrei dovuto dire: «Domenica in». Anzi, avrei dovuto urlarlo trionfalmente e Mara sarebbe impazzita di gioia (Mara vuole che noi vinciamo), e io anche piú di lei, probabilmente, con tutti i soldi che mi avrebbe dato.

Però sono lí e non mi muovo.

Mara continua a guardarmi, il tuu continua a coincidere con lo squillo del mio telefono e Mara continua a dire rispondi-rispondi-rispondi e a guardarmi dritto negli occhi, e io mi sento da un lato ipnotizzato dal suo sguardo e dall'altro provo a sottrarmi mentre la questione fondamentale che sento si fa spazio: va bene, mettiamo che sia lei; posso io, uno scrittore che si sta prendendo una pausa da una difficile recensione di un complicato libro di Georges Perec, alzarmi e prendere la cornetta e urlare: «Domenica in»? Posso io, per me stesso e per il lavoro che faccio e per tutte le persone che mi conoscono e per le scelte di vita che ho fatto, andare in diretta nazionale e urlare davanti a milioni di persone «Domenica in!», vincere un sacco di soldi e sentire una musichetta trionfante, e forse anche sentirmi chiedere da Mara quanti anni ho, che lavoro faccio e cosa intendo farne di questi soldi? (Che per ottenere la stessa quota, mi ci vuole un numero di recensioni su Perec che non ho nessuna intenzione di calcolare – ma ora che ci penso, Perec non può nemmeno aver scritto un numero di libri sufficienti...)

Senza calcolare la seconda ipotesi, che in questo momento di follia in cui l'impossibile sembra coincidere col possibile, mi sembra la piú improbabile e che invece, se riuscissi a razionalizzare, sarebbe certo la piú probabile per un'infinita quantità di numeri di differenza: e se non fosse Mara? Se rispondo al telefono e urlo: «Domenica in!» e dall'altra parte del filo non c'è affatto Mara ma una qualsiasi delle persone che conosco – non voglio dire Perec, perché è morto – ma una qualsiasi persona che rappresenta il mondo dove vivo e quindi rappresenta in qualche modo Perec e la complessità dei pensieri che derivano dal tentare di recensire una sua opera, una persona che quindi (tranne mia madre forse – ma forse!) di sicuro non capirebbe?

Driin-driiin.

Il telefono squilla, Mara mi guarda fisso negli occhi e mi sta pregando: rispondi, rispondi. E io vorrei spiegarle, se potessi, che tutto questo è molto probabile che sia soltanto una coincidenza e dall'altra parte della cornetta non ci sarà affatto lei ma appunto qualcun'altra delle centinaia di persone che conosco, che si stupirebbero non poco se io urlassi all'improvviso: «Domenica in!». Vorrei spiegarti queste cose, Mara, e pregarti quindi di smetterla di guardarmi cosí e di dirmi rispondi rispondi rispondi, Mara – sí, lo so, Mara – lo so che se voglio vincere il montepremi che continua a salire a ogni squillo, non ho altra scelta che urlare: «Domenica in!», lo so, e del resto come potrei rispondere: «Pronto» e deluderti ancora come hanno fatto tutti gli altri, e deludere me stesso con la mancata vincita – ma devi capire, Mara, che poiché non sei tu, non puoi essere tu, è cosí improbabile che sia tu anche se tutto sembra coincidere con il fatto che sia tu – devi capire, Mara, che poiché di sicuro se rispondo poi non sei tu, come posso urlare: «Domenica in!» e deludere tutte le persone che mi stimano e deludere me stesso per tutto ciò che ho tentato di costruire finora?

E poi, col tempo, mi sono detto che alla fine non ho ceduto. Ma la verità piú probabile, piú precisa, è che la mia indecisione è durata cosí tanto che Mara ha dovuto smettere e dalla regia hanno riagganciato e lei mi ha guardato davvero disperata dicendo com'è possibile, e io non ho saputo cosa risponderle e soprattutto non saprò mai se quella domenica pomeriggio lei ha davvero chiamato me o un altro.

Questa è la condizione psicologica estremamente fragile in cui mi trovo nello stare lí come spettatore dal vivo di *Domenica in* e intanto essere il solito spettatore televisivo di *Domenica in* che guarda Mara attraverso uno schermo proprio come a casa. Un signore dietro di me sta chiamando casa: «Ci registri alle quattro?», dice. Pochi minuti prima dell'inizio, quando hanno già disposto gli sgabelli in cerchio, entrano le ragazze di *Domenica in*: sono giovani, sono tante e vestite da tv. All'improvviso si anima tutto, con loro, anche se le luci sono ancora spente. Il nostro uomo, quello che ci parla al microfono e ci ha già detto che dobbiamo spegnere i cellulari, non possiamo fare foto, dobbiamo partecipare con calore e quando c'è la pubblicità dobbiamo restare seduti al nostro posto e soprattutto non dobbiamo scendere e venire al centro dello studio (io non ci pensavo proprio, a dire la verità, ma è evidente che è già successo e quindi qualcuno avrebbe potuto farlo). Adesso ci dice di applaudire le ragazze che «sono la vera gioia di questo programma». Le ragazze si mettono in cerchio e insieme a delle persone che sono vestite in borghese (gli autori) fanno come una squadra di basket prima di scendere in campo, allungano tutte le braccia per unire le mani al centro e cacciano all'unisono un urlo convenuto che serve a farle sentire unite e a dare la carica.

La cosa comincia a farsi seria. Infatti dopo un po' entra

Massimo Giletti, gli fanno segno di salutare il pubblico, lui lo fa con un gran sorriso rapidissimo e l'applauso dura molto di piú di quanto lui abbia voglia di stare lí ad ascoltarlo. La stessa cosa accade per Luisa Corna. La signora degli anni Ottanta è incazzata perché dice che arrivano un sacco di spifferi e le hanno fatto lasciare il cappotto al guardaroba. Sul grande schermo appare la scritta che sarà la domanda della puntata di Giletti: «Vi è piaciuta *L'isola dei Famosi*?» Gli autori intanto fanno ripetere alle ragazze le domande che hanno preparato per loro. Le ragazze poi avranno un'aria spigliata, maliziosa, pettegola, sarcastica, ma nulla sarà frutto della loro testa, bensí della testa degli autori che vengono pagati per questo. Entrano alla spicciolata anche i musicisti e quando sono pronti, partono con *I Feel Good*, le luci si accendono e lo studio si trasforma in uno studio non direi allegro ma qualcosa che ha a che fare piú da vicino con quel che vediamo da casa, il direttore di studio ci chiede di scatenarci, dice: «Visto che dovete stare seduti per quattro ore» (che strano, è proprio quello che stavo pensando, perché non c'è uno schienale, sono veri e propri spalti e io ho già l'impressione che la mia schiena si spezzerà in due prima della fine della puntata), lui e il cantante ci fanno segno di alzarci e battere le mani, il direttore dice: «Piú forte qui sotto!», rivolto a quelli sotto, ed è una specie di festa privata, perché la puntata non è ancora cominciata; Giletti è estraneo come se avesse i tappi alle orecchie, la Corna canta e balla e fa tenerezza perché sembra una persona vera. Noi ci alziamo e balliamo e battiamo le mani, e questa cosa qui ci capiterà, durante il pomeriggio, almeno altre ottanta volte, lo dico per arrotondare, ma sarà di piú e non di meno – non è vero che staremo seduti per quattro ore – ogni tot secondi ci hanno fatto segno di alzarci e di battere le mani in alto a tempo, e cosí a casa saranno tutti convinti che ci stiamo divertendo, a prescindere dal fatto che ci stiamo divertendo.

Ma non dovete credere che il responsabile dei nostri applausi, che ci detta i movimenti, i tempi, gli applausi forti e

meno forti, sia il responsabile del nostro umore, perché noi
siamo già abituati o coscienti o ammaestrati dal vedere la
tv da casa e lo sappiamo da soli che quando entra un ospite
dobbiamo essere entusiasti, e lo siamo, e dirò di piú: vogliamo esserlo – cosí come sappiamo, anche se non perfettamente quanto il nostro direttore, che quando una canzone passa
dalla strofa al ritornello, proprio in quella fase di passaggio,
quando le note si aprono verso un'aria piú potente, noi dobbiamo accompagnare quel passaggio con un applauso convin-
tissimo –; noi sappiamo tutto, mi pare; l'altra ipotesi è che
quello che dobbiamo fare corrisponde esattamente a quello
che vorremmo fare, soltanto che loro vogliono esserne sicuri e
allora tendono a guidarci. Voglio dire, nella sostanza, che c'è
perfetta sintonia tra quello che vogliono da noi e quello che
noi diamo, perché c'è perfetta sintonia tra lo spettatore che
eravamo a casa e quello che siamo qua, conosciamo affinità
e differenze, e se a casa quando comincia il ritornello restia-
mo quasi immobili ma il nostro corpo compie comunque un
piccolo scatto euforico e inconscio, tipo cambiare posizione
o scavallare le gambe accavallate oppure alzarci per prendere
un bicchiere d'acqua in modo da assecondare la pulsione di
energia, qui sappiamo – siamo telespettatori e quegli applausi entusiasti li sentiamo ogni giorno –, sappiamo che adesso
tocca a noi alzarci e urlare e applaudire e non avere quel distacco che la casa ci impone. Adesso che la trasmissione non
è ancora cominciata, *I Feel Good* è una sorta di allenamento,
di riscaldamento, per tastare il nostro livello di applausi, la
nostra reattività ai comandi, la nostra effettiva voglia di divertirci. La risposta che diamo noi è decisamente sfacciata:
cosa siamo venuti a fare, sennò? Per questo balliamo, ci dime-
niamo, ci divertiamo. Siamo venuti a fare quelli che ballano,
che si dimenano, che si divertono. Lo facciamo. E in piú, siamo venuti a fare quelli che applaudono: e okay lo facciamo.
   Però adesso cominciate, pensiamo.
   Mara ci saluta, io per dispetto non le rispondo, anzi giro la faccia; parte la pubblicità, arriva una signorina con un

enorme foglio (il gobbo) dove c'è scritto «come due stelle noi soli nella notte noi ci incontriamo», le ragazze si mettono in cerchio e Luisa Corna va a nascondersi dietro una porta come per fare uno scherzo (è qui che la ex truccatrice l'ha chiamata e lei ha salutato con cortesia, ma non l'ha affatto riconosciuta). Quando uscirà, presentata da Giletti, scenderà come se non ci fosse mai stata qui, e ci saluterà come se non ci avesse già visti, e noi staremo al gioco e ci entusiasmeremo come se non l'avessimo mai vista, mentre lei canterà «come due stelle noi soli nella notte noi ci incontriamo».

Sono le 15 e 59. Siamo pronti. Sono tutti pronti. La pubblicità sta per finire e a un certo punto c'è l'immagine che appare, le telecamere che si accendono, noi che applaudiamo e una sirena che suona fortissimo, tanto che Giletti è costretto a dire sorridendo in diretta: «Ma cos'è questa sirena?» La sirena, scopro appena dopo, suona ogni volta che sta per cominciare il collegamento, solo che stavolta ha suonato un paio di secondi in ritardo e cosí il pomeriggio televisivo comincia al suono di una sirena, come se dovessimo scappare via subito.

La prima cosa che si nota di Massimo Giletti, il presentatore, è che ha un'aria molto furba. Da qui sopra, vediamo che si avvicina di continuo alle telecamere, ma davvero vicinissimo, e parla guardando dritto negli occhi il pubblico a casa. Noi che stiamo qui, per lui non esistiamo. Ed è una questione che a un certo punto bisognerà affrontare. Le ragazze di *Domenica in*, la vera gioia di questo programma, sono pronte per assaltare con le loro domande aggressive e maliziose (frutto di autori che hanno il compito di farle aggressive e maliziose) l'ospite di turno. Che è un bel ragazzo che si chiama Interrante di cognome e che ha partecipato all'*Isola dei Famosi*. Provo subito simpatia per questo giovane uomo bello e stupido, come lo dipinge la scheda di presentazione – non in modo sfacciato, ma in modo soltanto un poco meno sfacciato –, allo stesso modo di come mi capita quando guardo la televisione e vedo i programmi della Gialappa's, *Le iene*, e altri dello stesso genere divertente/intelligente, dove la maggior parte del tempo persone simpatiche, brillanti e intelligenti con un microfono in mano rincorrono o svelano le stupidaggini e l'ignoranza di tutti gli altri – attori, politici, calciatori, cantanti e quant'altro. Anche in questa scheda si mostrano gli errori grammaticali di Interrante, che non sono pochi, e forse, può darsi, lui è davvero un po' stupido, ma io preferisco stare dalla parte degli stupidi e degli ignoranti piuttosto che da quella di un certo tipo di persone intelligenti che ama farsi un sacco di risate alle spalle degli stupidi e degli ignoranti. Voglio dire, il costume della televisione che si presume intelligente è soprattutto quello di creare una divisione netta tra le persone intelligenti – coloro che fanno i programmi intelligenti e i loro spettatori intelligenti – e le persone stupide – coloro che sono stupidi e che partecipano a programmi stupidi, per esempio. Cosí succede che questi programmi sono infarciti di registrazioni di errori, di condizionali sbagliati, di farfugliamenti grammaticali e sintattici o vuoti di memoria sulle date di inizio e fine della seconda guerra mondiale. È un genere di programma che si occupa dei programmi stupidi per riderne – finora, come vedete, la questione dell'autoreferenzialità è indiscutibile.

Per spiegarmi meglio, devo chiedervi di tornare a un periodo piú lontano. Vi sto chiedendo di tornare con me ai tempi della scuola, dove esisteva quel particolare tipo che aveva un potere sugli altri: il compagno di scuola simpatico. Può darsi che siate stati voi, quel tipo. Male. Perché il simpatico a scuola faceva sempre soffrire qualcuno. Può darsi che siate stati quelli contro cui il simpatico si accaniva. Male. Perché vi faceva soffrire. La sostanza della sua simpatia era l'accanimento: se la prendeva con qualcuno. Con i deboli, gli storpi, i timidi, gli effeminati, persino con quelli che avevano un cognome strano. Lui, da solo, senza un punto di riferimento debole, non era simpatico. Lo diventava solo grazie all'accanimento verso qualcuno. Lo ricordate? Piú si accaniva, piú diventava simpatico. Piú diventava simpatico, piú diventava potente. Era forte. Era un capo. Ci si alleava

con lui in tutti i modi, perché alleandosi con lui si evitava di
essere la sua vittima e si stava in una posizione perfetta: non
ci si accaniva in prima persona e intanto si poteva ridere alle
spalle degli altri. Cosí anche gli alleati, oltre al capo, diven-
tavano piú forti. Cosí finiamo per essere noi quando siamo
spettatori intelligenti. Ridiamo alle spalle di tutti quelli che
sono piú ignoranti di noi, e cosí ci sentiamo piú intelligenti.
Il risultato è che sia gli spettatori stupidi sia gli spettatori
intelligenti vedono gli stessi programmi – *Il Grande Fratello*, *L'isola dei Famosi* o *Domenica in*, appunto –, ma i primi
li guardano direttamente e i secondi per coglierne le stupidaggini. Se sono qui, oggi, è perché sto con i primi. E se sto
con i primi, sto dalla parte di Interrante e non di quelli che
ridono di lui. È una scelta ideologica, la stessa che ho fatto
tra quelli che dicono «un attimino» e quelli che sbuffano e
correggono, e affermano: «Non sopporto quelli che dicono
un attimino»; sto con i primi. È una vocazione.

La questione su cui si basano tutte le domande delle ragazze, tutta la loro concentrazione – e che appare una questione
che sta a cuore a tutti qui, anche a tutte le persone che mi
stanno intorno –, e che le rende direttamente aggressive e
maliziose, è la seguente: quello che succede è vero o è falso,
cioè preventivamente concordato? Che poi è la domanda che
riguarda tutti i reality show, negli ultimi anni, ma la verità
piú inquietante è che riguarda ogni accadimento in Italia in
ogni campo e a tutti i livelli. La tesi del complotto è quella
su cui si basa l'esistenza e la storia dell'intero paese, convinto non solo che dietro ogni cosa ci sia qualcosa che la piloti
e la determini, qualcuno che vuole che le cose vadano cosí;
e l'intero paese è anche convinto di sapere cosa e perché ciò
accade, anche se non lo sa. Questo riguarda il delitto Mo-
ro, una partita di calcio, una legge parlamentare, la scelta di
un candidato, giú giú fino all'*Isola dei Famosi*. C'è sempre
qualcosa dietro, mostrano di pensare le ragazze. Ed effetti-
vamente, almeno per quanto riguarda loro, qualcosa dietro

c'è, ma dietro loro!, visto che le domande sul tema «è tutto vero o è stato preventivamente concordato» sono state, appunto, preventivamente concordate con gli autori. E visto che anche i loro nomi, che Giletti pronuncia con confidenza e complicità, come se conoscesse le ragazze una per una fin dai tempi della prima comunione, sono scritti sugli stessi enormi fogli dove era scritta la canzone per Luisa Corna. Quindi, se la verità è deducibile da loro, bene, tutto ha qualcosa dietro che non sappiamo. Oppure, si potrebbe in altro modo dedurre, i primi che hanno qualcosa da nascondere sono quelli che chiedono agli altri se hanno qualcosa da nascondere. E cosí via. Come vedete, forse si imparano un bel po' di cose qui. In ogni caso, noi siamo fatti cosí: amiamo guardare gli avvenimenti e allo stesso tempo pensiamo che non siano veri. E forse questa è già una definizione della televisione.

Mentre il giovane viene sottoposto alle domande aggressive e maliziose delle ragazze, che tentano di umiliarlo, tra noi vengono accompagnate dagli autori due persone, una coppia, che sembrano proprio come noi, solo che sono vestite un po' peggio, nel tentativo di essere piú appariscenti. Da come tutti si spostano là nelle prime file, è segno che c'entrano qualcosa, ma non si capisce cosa, visto che sembrano cosí tanto come noi e cosí diversi dalle ragazze, da Giletti, dalla Corna, dai musicisti, dagli autori stessi. (Quello che si vede da qui è questo: lí in mezzo, è tutto ordinato e calibrato e illuminato bene e ben inquadrato. Tutto il resto dello studio è un mondo confuso, strapieno di gente che entra ed esce, che sta seduta a parlare a bassa voce, che fa altro, o che per stretti motivi di lavoro segue ogni sillaba che viene pronunciata). Di nascosto, i due vengono portati davanti a Interrante come per fargli una sorpresa, e infatti lui urla: «I Primicerio!», che non so cosa voglia dire. Ma la gente applaude e si diverte della sorpresa, e mostra di sapere chi sono. Per fortuna, Giletti dice che torneranno tra poco, nell'«arena», quando si dibatterà del quesito: «Vi è piaciuta *L'isola dei Famosi*?» Cosí potrò capire anch'io.

Alla prima pausa, quando è finito l'uno contro tutti, le ragazze e i loro sgabelli spariscono. Una signora ben vestita viene piazzata in un punto completamente vuoto dello studio, col microfono in mano. Intanto c'è la pubblicità, previsioni meteo, le notizie del telegiornale, e lei è sempre là, noi guardiamo lei e guardiamo la tv, e lei è sempre là, sola, per un sacco di tempo, rigida e pronta per cominciare. Quasi quasi viene voglia a me di scendere e di chiederle di rilassarsi, perché manca ancora un po' di tempo, e se guardasse lassú la tv invece di starsene cosí impalata se ne renderebbe conto perfettamente. Ma non scendo perché non si può scendere in mezzo allo studio. Quando finalmente tocca a lei, capiamo che è Gloriana, cantante napoletana. Luisa Corna, quando la presenta, dice che la caratteristica dei napoletani è l'ottimismo e per me questa è una ragione sufficiente per scendere in mezzo allo studio e picchiarla – ma non lo faccio, sempre perché il direttore ci ha detto che non possiamo scendere in mezzo allo studio (mi rendo conto adesso che hanno fatto bene a minacciarci). E stavolta ci devono fare segno di applaudire perché non sembriamo trascinati dalle sue canzoni napoletane. Ma a casa non si accorgeranno di nulla, perché tra la spontaneità e l'ordine ricevuto, non c'è nessuna differenza in quanto a effetto prodotto.

Di nuovo cambia lo scenario. Entrano dei macchinisti e portano una serie di piccoli spalti curvi, e con gli spalti comincerà «l'arena». Poi entra un gruppo di giovani vestiti con abiti borghesi, di qualità, ma in qualche modo che non so spiegare si vede che sono diversi da noi. Intanto sono belli, giovani, allegri e pimpanti; e noi molto meno – oltretutto le luci, il tempo che passa lentamente, il fatto di alzarci e sederci, l'alternanza tra spifferi e caldo ci stanno imbarbarendo. Ma resistiamo. Anche questi giovani hanno due caratteristiche identiche alle ragazze di *Domenica in*: hanno un paio di autori che gli ronzano intorno, che li sistemano con un criterio che noi da qui non capiamo e che ripassano le domande con loro – in particolare una ragazza con molti fogli ed evidenziatori e penne in mano non soltanto ripete con loro le domande e il tono da tenere, ma poi gli fa segno di essere forti, duri, decisi, dà loro dei «five» in alto e li incoraggia come se fosse un allenatore alle prese con la squadra appena prima che cominci una finale. Una delle giovani, poi, discute con lei e alla fine si rassegna incazzata: vorrebbe intervenire, dire qualcosa – ma oggi non toccherà a lei. È molto bella, ma da ora fino a quando non se ne andranno, compreso durante la diretta, avrà sempre una faccia incazzatissima. La seconda cosa identica alle ragazze è che anche qui gli autori – che mi sembrano altri autori, proprio come se si trattasse di un'altra squadra – alla fine dell'incoraggiamento chiamano tutti a raccolta e mettono tutte le mani insieme e urlano qualcosa: un grido di battaglia. Fa abbastanza impressione tutta questa carica, ma servirà, perché dovranno intervenire anche loro aggressivi e maliziosi, però con una violenza ben piú grande delle ragazze (si chiama «l'arena», appunto), anzi direi con un certo disprezzo, perché «l'arena» pare che chieda questo, un certo disprezzo del pubblico verso le opinioni degli ospiti. Gli ospiti sono Giancarlo Magalli, Alba Parietti, Barbara Palombelli; e i Primicerio, che finalmente capisco essere una coppia qualsiasi invitata a stare sull'isola dei famosi proprio in quanto coppia qualsiasi (ecco perché sembravano come noi: perché *erano* come noi!) – e pare che qualcuno li abbia trattati con grande disprezzo, un altro segnale di conferma di quello che comincia a essere chiaro nella mia testa, dopo che anche Magalli, quando è entrato, nonostante le urla di giubilo, ci ha abbastanza ignorati.

Ma ciò che ci sembra essere una realtà dura da digerire – quando «l'arena» ha inizio, gli ospiti entrano a uno a uno presentati da Giletti, parlano e litigano con il pubblico dell'«arena» – è che noi siamo stati retrocessi. Cioè, se proprio vogliamo dirla tutta, siamo stati retrocessi *per la seconda volta*, ma finora non avevo avuto voglia di ammettere nemmeno la prima. Eh sí, perché quando eravamo entrati, oggi,

avevamo creduto di essere stati promossi a pubblico principale, concreto, reale; il pubblico vero. E invece, appena
è cominciata la trasmissione (a dire la verità, un po' prima,
quando è entrato Giletti; a dire la verità-verità, ancora prima,
all'inizio, per come ci hanno trattati fin dall'ingresso) abbiamo subito fatto esperienza del rapporto diretto che ognuno
che va in onda ha col pubblico a casa. Quindi, ci siamo resi
conto, non senza sofferenze serie – e qualche spunto di ri-
flessione che si chiarirà del tutto alla fine –, che il pubblico
di primo grado è quello a casa, perché è il pubblico a casa
che Giletti guarda negli occhi avvicinandosi alle telecamere;
noi eravamo la derivazione diretta del pubblico a casa, cioè
il contrario di ciò che credevamo. Però fino a pochi minuti
fa, anche se con il trauma che avevamo subito, ci sentivamo
in qualche modo protagonisti, soprattutto quando il nostro
direttore ci incitava e ci elogiava; perché è a noi e non a quelli a casa che si chiedeva di applaudire, di cantare, di ballare,
di restare anche dopo.

Invece adesso noi, con l'ingresso del pubblico giovane
e spigliato che siede nell'arena, siamo retrocessi a pubblico di – a questo punto – terzo grado, perché c'è un pubblico fatto di persone piú carine, piú giovani e meglio vestite,
spigliate e anche divertenti – un pubblico decisamente piú
presentabile di noi – che interagisce con le persone che sono
piú o meno i nostri eroi televisivi e parla con queste persone
a tu per tu, addirittura, a volte tenendo loro testa e comunque pronunciando frasi con grande libertà. Insomma, è ciò
che avremmo voluto fare noi avendo a che fare con Magalli
e la Parietti dal vivo. Anzi, è quel che avremmo creduto di
dover fare noi quando ci siamo sentiti promossi da *pubblico
a casa* a *pubblico in studio*. Invece quella è stata una retro-
cessione, e adesso quel pubblico che credevamo essere noi è
arrivato e si è posizionato davanti a tutti, sono questi ragazzi carini a essere diventati il pubblico di primo grado scal-
zando persino il pubblico a casa; e quel che succede a noi è
che ormai siamo al buio e siamo silenziosi e battiamo le mani

quando arriva il segnale, e questi altri parlano, intervengono, vengono interpellati da Giletti e dicono la loro. Giletti poi, se non parla con loro, guarda dritto negli occhi il pubblico a casa attraverso le telecamere.

Noi veniamo completamente ignorati.

Non solo, ma subiamo l'umiliazione psicologica di essere sostituiti da quei ragazzi. Perché loro, è chiaro, stanno lí al posto nostro. La cosa è complicata e chiara allo stesso tempo: ciò che avremmo dovuto fare noi – rappresentare il pubblico a casa – lo fanno loro, perché nessuno si è fidato di noi; quindi rappresentano il pubblico a casa e sostituiscono noi. Sono loro il pubblico televisivo che rappresenta a questo punto non solo il pubblico a casa (questione metaforicamente legittima: sono coloro che fanno le domande che vorrebbe fare il pubblico a casa) ma poiché avremmo dovuto fare noi quel che fanno loro, a questo punto rappresentano piú direttamente noi; noi che vogliamo salutare Luisa Corna, vogliamo avere subito il bigliettino del guardaroba, veniamo in pullman da Arezzo, ci abbronziamo malamente su un lettino di provincia, mettiamo pellicce e rossetti, e per tutte queste ragioni, perché siamo come siamo – e cioè degni e fedeli rappresentanti del pubblico a casa – non andiamo bene.

Quindi loro, il pubblico dell'«arena», sono la parte di noi che possa essere presentabile e possa far sentire il pubblico – cioè sempre noi – migliore di quel che siamo realmente: giovane e spigliato, appunto. Gli autori delle trasmissioni televisive, o per essere piú precisi, gli autori dell'«arena», ritengono che noi non vorremmo vedere *proprio noi* in televisione, ci intristirebbe, non ci piacerebbe. Noi vogliamo trovare davanti allo specchio il ritratto di Dorian Gray, ma la novità è che Dorian Gray non è proprio Dorian Gray rimasto giovane, bensí uno oggettivamente piú carino e presentabile di Dorian Gray, che possa essere un Dorian Gray piú rappresentativo, incisivo e definitivo di quello vero.

E c'è anche di piú. Ciò che è ancora piú frustrante è che questi nostri Dorian Gray non ci sostituiscono materialmente, cioè non sono noi che ci trasformiamo da pubblico mediocre e anziano in pubblico giovane e brillante. Perché quelli che ci sostituiscono non prendono il nostro posto, ma si mettono semplicemente davanti a noi; e a noi tocca anche applaudirli. Se quella ragazza imbronciata entrasse per davvero nel corpo della signora accanto a me che tenta di tutto per sembrare ancora una parvenza di quella ragazza imbronciata, sarebbe felicissima la signora e sarei un po' contento anch'io. Ma no, la signora rimane qui e la ragazza è lí sotto, e la rappresenta, ma non è lei. E questo non produce nessun benessere in noi, solo frustrazione.

Non è finita. Perché nemmeno questo basta. Non bastano nemmeno i giovani selezionati tra quelli piú belli, spigliati e simpatici. Si fosse arrivati a tale scelta di criterio e ci si fermasse lí, almeno. No. La verità è che non si fidano nemmeno di loro. Non si fanno fare a loro delle vere domande belle, simpatiche e spigliate, visto che loro sono stati scelti belli, simpatici e spigliati; no, non è tutto vero, è concordato prima! Le domande sono state preparate in settimana e sono state scelte delle persone a interpretarle e queste persone hanno studiato e provato tono, livello di aggressività, pause e cattiveria, e adesso riproducono tutto con il testo mandato a memoria. E, inutile dirlo, l'autrice giovane che li incoraggiava ora mostra cartelli con il loro nome per far dire a Giletti «voglio proprio sentire cosa ne pensa Alessandro», come se sapesse chi è Alessandro e volesse davvero sentire cosa pensa, e sia questa frase sia la domanda che farà Alessandro sono scritte lí su quel foglione (il gobbo), quindi gli autori di *Domenica in* pensano che noi non possiamo rappresentare noi – e va bene; ma pensano che nemmeno quelli piú belli e spigliati di noi, scelti accuratamente tra quelli che non sono davvero noi, ma venuti a rappresentare noi, neanche loro sono davvero in grado di farlo.

Soltanto gli autori possono rappresentare noi come ci immaginano loro e come vogliamo noi.

Il tema è, ripeto: «Vi è piaciuta *L'isola dei Famosi?*» Il dibattito è preceduto da un filmato in cui si vede Simona Ventura, la conduttrice dell'*Isola dei Famosi*, ospite di Mara Venier, che accusa Giletti di parlare male dell'*Isola dei Famosi* e intanto di fare grandi ascolti parlandone; poi dice: «Aspetto dei fiori per le tue scuse». Lui di conseguenza mostra in studio dei fiori dicendo che li manderà ora, in diretta, a Simona Ventura che intanto sta facendo *Quelli che il calcio* su Rai Due (la signora accanto a me si agita come una belva in gabbia, dice: «Ma che glieli manda a fare a quella stronza», e davvero sono sicuro che Simona Ventura a questa qui le ha fatto qualcosa di serio e personale). Poi a un certo punto ci annuncia che i fiori sono stati consegnati e alla fine dell'«arena» manderanno il filmato con la consegna in diretta dei fiori su Rai Due, e Simona Ventura in diretta ringrazierà Giletti e Giletti in diretta dirà prego alla Ventura. Se si considera che piú tardi Pippo Baudo parlerà con la Arcuri della fiction in onda quella sera e di altre *Domenica in* del passato, possiamo dare per acquisita in maniera definitiva la questione dell'autoreferenzialità. In televisione si parla soltanto di televisione. Come se la televisione fosse stata appena messa sul mercato come i videofonini.

E del resto, un'altra conclusione mia istintiva e interiore in quanto spettatore dal vivo di *Domenica in* è la seguente: tendo istintivamente a guardare lo schermo, anche se le persone che parlano e si muovono sullo schermo sono lí davanti a me in carne e ossa. Mi capita sempre anche ai concerti. I musicisti sono là in fondo e piccoli; dietro, un grande schermo mi racconta dettagli, espressioni, mi fa sentire il cantante vicino e non lontanissimo com'è. E allora per tutto il concerto guardo il maxischermo. E cosí qui: per vedere davvero, guardo istintivamente lo schermo, perché il regista sa cogliere umori, reazioni – e poi perché Giletti guarda dritto negli occhi quando mi guarda dallo schermo, e invece lí sotto sta quasi sempre di spalle. Il fatto è che essendo tutto costruito in maniera autoreferenziale, il miglior modo per goderselo è essere telespettatori e non spettatori. Cosí, il pubblico a casa di nuovo si impone e sorpassa tutti e si afferma come il pubblico vero e unico, il pubblico di primo grado. Imbattibile.

E allora, potrei pensare che era meglio se me ne stavo a casa, ma non voglio pensarlo, non voglio proprio, il pomeriggio è ancora lungo e anche se il mio atteggiamento positivo è minato da questo pensiero e soprattutto dal fatto che ci trattano come ci hanno trattati (le due cose non sono affatto separate, ma legate tra loro), voglio testardamente conservare l'atteggiamento positivo.

In verità, Giletti ce l'ha con *L'isola dei Famosi* per dei motivi che non so e che forse non saprò mai, anche se ci tiene a precisare che «a *Domenica in* non si parla male dell'*Isola dei Famosi*, ma si parla... e basta» – e questa frase, con la pausa dei puntini sospensivi, è scritta esattamente cosí sui grandi fogli e ripetuta da Giletti come se la stesse inventando sul momento. Le sue domande, pure se cerca di controllarsi, sono tendenziose; soprattutto lancia un sondaggio su vi è piaciuta/non vi è piaciuta *L'isola dei Famosi*, e dopo un po' un signore comincia a mostrargli i risultati che sono nettamente a favore di «ci è piaciuta», gli fa segno di comunicarli, si sbraccia, Giletti fa sí con la testa ma poi non li comunica, se ne dimentica sempre, fino alla fine, quando prima di chiudere il signore sembra impazzito a furia di sbracciarsi, Giletti si rende conto che non si può in nessun modo lanciare un sondaggio e non dare i risultati, e infine a suo piccolo vantaggio sta il fatto che i «ci è piaciuta» sono leggermente scesi, e allora dà il risultato e poi insinua che, nonostante sia positivo, forse ci si aspettava una maggioranza molto piú larga.

Comunque, quando la discussione si fa serrata, quando il punto diventa: perché bisogna interessarsi a queste cazzate?, che è ciò su cui si basa la teoria messa in piedi dagli autori di *Domenica in* che hanno dettato le domande, loro che si sono occupati di questa cazzata almeno per tutta la settimana, Barbara Palombelli dà la stoccata che chiude la discussione

a favore dell'*Isola dei Famosi* e che chiude ogni discussione
sempre, di qualsiasi argomento ci si occupi (e che quindi vi
suggerisco di usare appena potete). Dice: «Il reality è come
la tragedia greca». Quando le cose si mettono male, quando
si difende quel che può sembrare, può essere o è una cazzata, allora si alza sempre il tiro e si dice: è come una tragedia
greca. E funziona. Funziona tantissimo, funziona sempre.
Quando uno dice che una cosa è come la tragedia greca, vince per ko tecnico a colpo sicuro. Perché poi vai a dimostrare
il contrario, prova a dimostrare che *non è* una tragedia greca – visto che la tragedia greca è adattabile a qualsiasi cosa
dello scibile umano –, almeno cosí hanno deciso gli esseri
umani, e che sia vero o no, non conta: tutto è come la tragedia greca. E che vi devo dire: forse è pure vero.

La Palombelli, verso la fine dell'«arena», darà anche la
seconda stoccata, molto meno decisiva e molto piú preoccupante: dice che se milioni di italiani la vedono, deve essere
bella. Sta dicendo, cioè, che tutto ciò che piace alla maggioranza delle persone si può definire automaticamente e
oggettivamente bello. Potrei farle un elenco di un centinaio
di avvenimenti, persone, nomi, città, fiori, frutta, ma forse
anche un migliaio, e vedere come reagisce alla sua stessa af-
fermazione, ma confido nel fatto che non si sia resa conto di
cosa stava dicendo. Almeno, lo spero.

Tutto questo, a un certo punto, riceve come un anneb-
biamento improvviso, una specie di spostamento d'aria, un
abbassamento del volume e dell'importanza, per essere piú
precisi: un allontanamento dal centro della scena. Teorica-
mente, non è successo niente e a casa andrà tutto bene, ma
qui, qui, qualcosa è successo: le luci sono le stesse, le telecamere pure, Giletti Magalli Parietti Palombelli pure, tutto è
lo stesso e d'un tratto tutto non è piú come prima. Si sente
nettamente che il peso specifico dello studio si è spostato, come spinto da una folata o da un fantasmino da film per ragazzi. C'è stato un movimento dietro le telecamere, un gruppo
di persone che è entrato, ma in silenzio e in punta di piedi,

eppure malgrado tutto provocando una scossa elettrica che
ha tolto in maniera simbolica le luci dal centro della scena.

È entrato Pippo Baudo.

Alto, elegante, attorniato da persone che a bassa voce
gli chiedono delle cose e lui fa sí o no con la testa. Nella sostanza: un'altra categoria. Sorride sornione quando uno dei
ragazzi dell'arena urla che ogni reality è spazzatura, come a
dire che lui queste cose le pensa da prima che qualcuno abbia pensato alla possibilità dell'invenzione dei reality. Aspetta, tra poco tocca a lui. Giletti, come se avesse sentito che il
peso specifico dello studio lo ha lasciato e non tornerà piú,
chiude in fretta con «l'arena», ci saluta – anzi, non saluta
noi ma il pubblico a casa – e consegna il finale a Luisa Corna
e Alexia che cantano e ballano urlando tantissimo. Noi dobbiamo alzarci in piedi, battere le mani e scatenarci insieme
a loro, mentre al di là delle telecamere la gente sembra fare
o pensare a tutt'altro.

Questa è senz'altro un'ulteriore conclusione che si può
trarre: quelli che stanno dietro le telecamere sono completamente distratti rispetto a quello che succede, anche se qualcuno sta cantando a squarciagola e tutto lo studio balla a
tempo. È come se fossero al di là di un vetro antirumore e
potessero parlare o pensare ai fatti loro tranquillamente, come seduti in poltrona a casa. Però, non è bello. Voglio dire,
mettono in piedi un baraccone del genere che in questo momento stanno vedendo, oltre noi, milioni di italiani, e loro
stessi, che lo fanno, non lo guardano, non gliene importa, si
disinteressano non solo dello spettacolo, ma anche dell'effetto che hanno le cose che hanno scritto, preparato, chiesto, sperato. Nella sostanza, la scena svela uno dei motivi piú
pressanti e seri che ha la televisione, almeno quella italiana.
I programmi popolari, le fiction popolari, hanno degli autori – parlo soprattutto di loro, perché costituiscono la casta
immediatamente creativa e quella che mi interessa di piú, ma
il discorso può valere per i registi di sicuro, però anche per

scenografi, costumisti, macchinisti e quant'altro – che sono intelligenti, bravi, furbi, colti, vivi. E che però, proprio perché hanno tutte queste qualità, hanno, o hanno avuto, o avrebbero ancora, tutt'altre ambizioni. Nella sostanza, quelli che si occupano di televisione si occupano di cose che non amano per davvero – se ne stanno lí e anche se sono a due metri non le guardano, non gli interessa. Perché scrivono cose che loro stessi non guarderebbero, e non guardano quando vanno a casa e accendono il televisore. È un problema serio: cosa può funzionare veramente, cosa può essere bello veramente, se fatto da persone che se dovessero scegliere non farebbero quello che fanno, e quando possono scegliere – quando sono spettatori – non scelgono quello che fanno?

Cosí proprio non funziona. E non solo: questo è senz'altro il punto di partenza per quella specie di sufficiente disprezzo che abbiamo sentito fin dall'ingresso negli studi Dear.

Adesso, al contrario di ciò che è accaduto finora, quando chiamano la pubblicità, ci alziamo praticamente tutti. Tanto che il tipo deve urlare al microfono che non possiamo farlo, che tra un po' ricomincerà la diretta. Ma noi dobbiamo almeno stiracchiarci, camminare un po', mangiare qualcosa al bar e soprattutto fare pipí. A giudicare dai movimenti e dalle domande e dagli sguardi all'orologio, da un certo punto in poi il problema della pipí coinvolge me e altre decine di persone. Bisogna far presto altrimenti non si può rientrare durante la diretta, i bagni sono un po' lontani e c'è una lunga fila che si compone e si dirada immediatamente quando quelli che stanno in fila si rendono conto che stando in fila si perderebbero qualcosa dentro e non li farebbero entrare non si sa per quanto. Quando proviamo a scendere le scale, c'è sempre qualcuno che, trattandoci molto male, dice che non possiamo andarcene ora, che lasciamo posti vuoti, che poi non si sa quando ci faranno rientrare. Non hanno nessuna comprensione per le nostre esigenze fisiologiche. È come se volessero dire: e chi se ne importa, dovevate pensarci prima.

Il risultato è che ognuno di noi che ha impellenze fisiologiche va e torna dal bagno, sconfitto, varie volte – oppure rinuncia prima di andare rimandando alla prossima pausa; in ogni caso, come accade sempre quando lo stimolo di fare pipí diventa pressante, la concentrazione viene dirottata tutta lí e *Domenica in* va avanti ma noi pensiamo solo: quando finisce, quando riesco a fare pipí.

La questione del restare fuori, poi, è molto problematica adesso, perché Pippo Baudo è entrato in scena prima della pubblicità annunciando una parte finale di *Domenica in* ricchissima, con tanti ospiti e soprattutto con Robbiwilliams. Cosí ho avuto la conferma di quel che diceva il giornale e di quel che dicevano quelli di Arezzo quando sono scesi dal pullman. In verità, alcuni parlavano di Robin Williams, l'attore, altri di Robbie Williams, il cantante. Il giornale ha scritto Robbie Williams. A me interesserebbe piú l'attore, ma a dire la verità vedere dal vivo il cantante Robbie Williams è piú una figata, almeno in questo momento della storia. In ogni caso, Baudo dice pomposamente «Robbiwilliams» e non si capisce quale dei due sia. Ma senz'altro è il momento piú potente del pomeriggio, checché ne pensino le mie vicine che non sanno se si parla dell'attore o del cantante e non mostrano di fregarsene; una mi sembra ancora troppo rancorosa verso Simona Ventura, l'altra ancora troppo malinconica per il mancato riconoscimento da parte di Luisa Corna. Ma il problema adesso, insomma, è che l'ultima cosa che vorrei che mi succedesse è andare a fare pipí, tornare e trovare la diretta che è già cominciata con Robbiwilliams che parla o canta e io fuori che non posso entrare (e forse non saprò mai nemmeno chi è dei due). Non sarebbe sopportabile, quindi la trattengo.

Intanto in studio continua la passerella di personaggi famosi. Pippo Baudo accoglie Manuela Arcuri che sembra un po' spaesata, che ha un vestitino leggero e appare non tanto bella quanto bona. Baudo parla della fiction che andrà in onda stasera con protagonista Manuela Arcuri (autoreferenzialità allo stato puro), e qui viene fuori la sua caratteristica principale: è entusiasta di quello che fa e di quello che dice. In fondo, appare piú entusiasta lui della fiction che non la Arcuri stessa. Quando uno vede Pippo Baudo – e in fondo, stare qui e vederlo dal vivo è davvero un momento significativo – ha l'impressione che oggi sia particolarmente in forma. Poi basta esercitare la memoria e ci si rende conto che è l'impressione che abbiamo avuto ogni volta: è sempre in forma, ci crede sempre tantissimo, è una persona da ammirare perché è sfacciatamente entusiasta del lavoro che fa. È per questo che nei periodi in cui è caduto in disgrazia, tutti noi credevamo davvero che fosse triste, perché a lui questo mestiere piace proprio. Ma io credo che se lui facesse il ragazzo che porta il caffè del bar negli uffici intorno, lo farebbe fischiettando e facendo battute e distillando gentilezze. Perché è proprio cosí. E questo fa in modo che per lui Manuela Arcuri e l'eventuale Robbie o Robin Williams non hanno differenze gerarchiche, è entusiasta di tutti e due. Sinceramente.

Poiché, come dicono tutti da decenni, «è un grande professionista», lui non ci ha nemmeno salutato quando è entrato, né si rivolge mai a noi se non una volta quando inscena, spero improvvisando ma direi proprio di no, un applausometro con cui dobbiamo decidere cosa è meglio fra tre cose. Solo in quel momento appariamo ai suoi occhi come persone fisiche e con cui avere a che fare – e io, ci tengo a sottolinearlo, ho partecipato all'applausometro in modo perfetto, applaudendo soltanto a una delle tre fotografie di Ela Weber che ci aveva proposto (il mio gruppo di applaudenti ha anche vinto, quindi, per usare la filosofia della Palombelli, quella foto della Weber è oggettivamente la piú bella, perché piace alla maggioranza di noi); fino a quel momento, noi non esistiamo ed esiste soltanto il pubblico a casa. Però lui non fa come Giletti che deve avvicinarsi al pubblico a casa per avere un rapporto, ha bisogno di guardarlo negli occhi per attirare la sua attenzione, no, lui fa televisione e la fa per quelli che stanno seduti sul divano a casa, e poiché lo pensa e ci crede, il suo modo di agire, di parlare e di gestire il programma ottiene con precisione ciò che altri devono ottenere con sottolineature fastidiose; il risultato è che noi qui, ancora una volta, e per motivi sempre diversi, ci sentiamo di nuovo esclusi per tutto il tempo fino a quando non ci chiama in causa direttamente, per l'applausometro o per un altro giochino, tutta roba però sempre funzionale al pubblico a casa, non a noi.

Ela Weber è qui insieme a Carlo Conti perché Pippo Baudo sta facendo, puntata dopo puntata, una carrellata di tutte le *Domenica in* della storia. Non so se è per qualche anniversario o è un modo che si sono inventati per passare il tempo, senza alcun motivo. Ma va bene lo stesso. Sono seduti su delle poltrone, guardano qualche filmato di repertorio, chiacchierano supportati dal gobbo e poi Baudo fa prima il gioco delle foto di Ela Weber e poi un altro giochino chiedendo a due del pubblico di partecipare. Vengono giú due di Arezzo, con una prontezza tale che se avessi l'ossessione complottista direi che era stato concordato prima. Quando arrivano, un uomo giovane e una donna non piú giovane, Carlo Conti si trasforma immediatamente nel compagno di scuola simpatico: il giovane ha una camicia un po' troppo fantasiosa, Conti dice «complimenti per la camicia» e partono una risata e un applauso e Conti capisce che questa cosa funziona, e d'ora in poi si accanisce con violenza (simpatica, simpaticissima) su Federico (cosí si chiama il giovane) e sulla sua camicia per far ridere noi, che ridiamo – io no, per il pregiudizio ideologico che ho per questo tipo di comicità – e lo fa fino a quando Federico non torna sugli spalti. La signora si impappina nel gioco, il giovane no e vince, per scherzo, una foto incorniciata in argento con Carlo Conti, che si fa firmare con devozione mentre Carlo Conti lo insulta, e poi torna fra noi tra le pacche degli amici e lui si guarda intorno e appare in questo momento come l'uomo piú felice del mondo, e questo mi commuove di nuovo dopo la scena del marito della ex truccatrice, e mi commuovo ancora poco dopo, alla prima pausa,

quando la signora che ha perso scende in pista e dice a Carlo
Conti: «Però me lo meritavo anch'io il premio», e anche lei
sarei corso ad abbracciarla e a sussurrarle: sí.

A questo punto, la pressione alla mia vescica è davvero
oltre i limiti della sopportazione. Non posso piú aspettare.
Pippo Baudo dice, rivolto al pubblico a casa ma io la prendo
come se si rivolgesse a me: «Due minuti di pubblicità, non
ve ne andate, perché dopo c'è un momento imperdibile, viene a trovarci un ospite internazionale che tutti vorrebbero
avere: Robbiwilliams. Non ve ne andate».
Ma io me ne devo andare, altrimenti me la faccio sotto.
Ho capito che devo giocare d'anticipo, per questo ho nervi
e muscoli tesi da un po'. Infatti, un attimo prima che la sirena parta, scatto dalla sedia, ecco la sirena appena dopo ma
io già supero quelli che si alzano e si avviano, volo giú per
le scale, arrivo di corsa in bagno passando in mezzo a tutti
quelli che stanno lavorando e mi guardano male per il pericolo che rappresento con la mia ansia e i miei chili, mi preci-
pito in bagno e non c'è fila, non ci può essere, sono il primo,
faccio una pipí interminabile e intanto leggo che non so chi
fa i pompini, mi sciacquo le mani, corro fuori dove ancora
non c'è una fila perché in due minuti era impossibile e poi
c'è Robbiwilliams, mi scontro con una decina di esseri umani
che stanno lavorando e arrivo nello studio assolutamente in
tempo, cioè in anticipo di almeno una quindicina di secondi sulla sirena, mi siedo mentre gli altri solidali si spostano
e appare di nuovo Pippo Baudo che canta retoricamente le
gesta di un grande attore del nostro secolo – quindi è Robin
e non Robbie. E penso, però che figata stare qui adesso e
vedere Robin Williams dal vivo, solo per questo vale la pena
di essere qui, e Pippo dice con molta enfasi (giusta) signore
e signori ecco a voi Robin Williams, indica la porta in alto
dietro di noi, il signore degli applausi ci chiede di applaudire, noi applaudiamo e ci alziamo, lui però si disinteressa
quasi subito a noi e succede un fenomeno molto strano, per-

ché guardiamo la porta che Baudo ha indicato e né viene illuminata né esce nessuno, allora guardiamo verso lo studio e
lo schermo rimanda l'immagine di Robin Williams che esce
da quella porta che è ben illuminata, ci rigiriamo e non c'è,
guardiamo lo schermo e c'è e scende le scale e stringe le mani
a tutti e sorride (e per fortuna che non è dalla parte nostra
altrimenti la signora del trucco l'avrebbe chiamato e forse
avuto un'altra delusione...), poi arriva giú e abbraccia Pippo
Baudo. Nello schermo succede, qui invece no: lui non c'è e
Pippo Baudo si è messo da parte con le braccia incrociate e
guarda lo schermo come lo guardiamo noi.

Robin Williams è registrato.

Questo ci butta nello sconforto piú totale, che è un po'
alleviato solo dal pensiero che, se è questa la caratura delle
registrazioni, forse allora anche il nostro ospite a sorpresa,
alla fine, sarà tipo Robert De Niro o Nicole Kidman, e cosí
potremo ribilanciare la delusione. Ma la pipí cosí in fretta per
niente non gliela perdono a Pippo Baudo, non gliela perdonerò
mai. Perché almeno a noi non l'ha detto che era registrato?
Lo so io perché: perché cosí, tra lui che lo presentava, noi
che ci alzavamo e l'attacco del regista dallo stesso punto nella
registrazione, dà a casa l'idea perfetta della diretta. Il fatto
che noi siamo diversi non lo noterà nessuno. Pippo Baudo,
che non è fesso, oggi è vestito esattamente com'è vestito nel
filmato. La piccola truffa è riuscita di sicuro. Adesso, noi qui
un po' sconfortati ci ritroviamo di nuovo a guardare la televisione come se fossimo a casa, e invece siamo qui, frustrati
dal mancato incontro con Robin Williams. Ma anche qui ho
il tempo di commuovermi (che mi succede? Mi sto facendo
vecchio? È questo che sto scoprendo oggi a *Domenica in*? È
questo?) quando fanno vedere i ragazzi dell'*Attimo fuggente*
che uno alla volta salgono sul banco in segno di solidarietà
con il professore cacciato via.

È il momento piú difficile. Dopo Robin Williams c'è la
pubblicità che dura a lungo e ormai stiamo qui dalle due del
pomeriggio, abbiamo dovuto aspettare le quattro prima che

cominciasse qualcosa qui dentro e adesso sono le sette di sera, e da un po' nello studio non accade piú nulla. Rispetto
all'inizio, quando c'era un brusio continuo, un'eccitazione,
un'attenzione da parte di tutti noi che parlavamo e indicava-
mo angoli dello studio o persone fisiche, adesso c'è un silenzio preoccupante, annoiato; ci guardiamo intorno, ci sven-
toliamo, ci massaggiamo la schiena o stiamo in piedi, impa-
lati, per sgranchirci le gambe. Quelli che siamo rimasti. Gli
altri se ne vanno in giro per i corridoi, il bar, i bagni. Pippo
Baudo ha atteso insieme a noi la fine della pubblicità, poi ci
hanno fatto segno che stava per cominciare, ma stavolta stra-
namente senza preoccuparsi troppo se eravamo tanti o pochi
o se c'erano posti vuoti. La sirena è partita, Pippo Baudo è
ricomparso sorridente in mezzo allo studio con i Pooh. Ha
detto – non a noi, a quelli a casa – che tra un po' saremmo
stati in compagnia dei Pooh e della loro storia, delle loro canzoni. E poi basta: se ne sono andati di nuovo (stavolta Pippo
Baudo è proprio scomparso) e di nuovo abbiamo avuto la sensazione di un certo lassismo, come se si fossero stancati anche
loro. Appena dopo abbiamo visto di nuovo Pippo Baudo sullo
schermo che annunciava l'inizio di un gioco con i bambini.

Registrato!

La sensazione che abbiamo avuto immediatamente è stata espressa con precisione dalla ex truccatrice accanto a me:
«E che palle!», ha detto. Aveva ragione.

Il gioco con i bambini è di una noia mortale, e non credo
che la cosa cambierebbe se fosse in diretta. Di solito, i giochi
con i bambini mirano a provocare due sentimenti negli adulti: tenerezza e stupore. Ma noi siamo piuttosto incazzati per
il fatto che è praticamente un'ora che guardiamo la televisione, insieme a Pippo Baudo o senza, e non abbiamo facilità
a provare tenerezza e stupore. Ma quelli a casa, è probabile,
sí. La maggior parte di noi se ne va fuori, abbastanza esa-
sperata, tanto che il nostro direttore di studio viscido dice al
microfono di non andare via che tra poco ricominciamo, ma
è veramente viscido e imbroglione perché questo gioco dura

ancora un'infinità. Però il direttore di studio, che sa misurare il polso del suo pubblico, cioè il nostro, sa perfettamente che in questo momento può perdere per sempre la nostra felicità di stare qui; e non può farci nulla. Quindi è preoccupato, va avanti e indietro, cerca di fare il simpatico con quelli delle prime file (con quelli che sono rimasti) ma non ottiene granché. Il gioco consiste in questo: Pippo Baudo sta al centro di un tavolo a ferro di cavallo, con dei bambini intorno. Scopre delle carte che indicano degli argomenti e i bambini devono inventare storie attraversando tutti gli argomenti delle carte – i piú disparati. C'è un bambino di Sant'Antimo che è campione da qualche settimana e la sua imbattibilità da molte puntate nasce da, lo capisco subito, una sfrenata fantasia molto calcolata sull'eccesso, che appunto crea stupore e tenerezza. Ma oggi perderà. Perché c'è un'altra bambina che inventa storie mettendo in fila tutti gli argomenti che deve, ma in piú in ogni storia fa apparire Pippo Baudo in persona che fa delle cose divertenti o ridicole o impossibili, tanto che lo stesso Pippo Baudo si diverte molto e alla fine il pubblico di bambini che vota le assegna la vittoria.

Il problema nasce subito anche qui e accompagnerà questa bambina da ora fino alla sua vecchiaia in compagnia della televisione o semplicemente nella vita vissuta in questo paese, come attore e come spettatore; lei si chiederà su chiunque altro quello che ci stiamo chiedendo noi su di lei: è tutto vero oppure è stato concordato? In questo caso, è spontaneo ciò che dice oppure è stato debitamente calcolato e programmato insieme ai genitori o a chissà chi altro? (Gli autori? Avranno fatto anche loro un grido di battaglia insieme a tutti i bambini? Non lo sappiamo, è tutto registrato).

E la domanda che torna ossessivamente e che non ha mai una risposta definitiva – del resto l'ossessione del complotto ha messo tante radici proprio in virtú del fatto che manchino delle risposte certe, altrimenti il complotto, anche se viene scoperto come tale, muore come soluzione sempre possibile e quindi sempre nebulosa. È la tesi del complottismo che nasce con l'autoregolamentazione automatica di non avere mai una risposta, per autoalimentarsi. Io sospetto fortemente che la bambina abbia attuato ad arte la strategia del personaggio Pippo Baudo come protagonista delle sue storie. Ma non lo saprò mai con certezza.

Finalmente, ritornano tutti ai loro posti, suona la sirena, Pippo Baudo è di nuovo qui tra noi e per davvero. Arrivano i Pooh. Sono seduti su quattro sgabelli, si festeggia il loro lungo anniversario, e l'idea che gli autori hanno avuto è la seguente: poiché sono insieme da decenni e nessuno è riuscito a dividerli, adesso lo farà Pippo Baudo, chiamando un Pooh alla volta, parlando con lui da solo e facendogli cantare una canzone da solo. Un'idea rispettabile, per carità, ma anche qui Pippo Baudo va al di là, si sente che a lui questa idea piace un casino, forse se l'è inventata lui, la ripete e la rispiega e poi ne manda via uno e prende l'altro, con enorme entusiasmo e una malcelata soddisfazione. La prima canzone che cantano i Pooh – o meglio, uno di loro – è *Tanta voglia di lei*, la loro canzone piú famosa e che ognuno di noi canta a memoria. Ci alziamo e ci muoviamo lentamente tutti insieme da una parte all'altra mentre il Pooh canta la storia di quest'uomo a cui dispiace di svegliare lei e che forse un uomo non sarà, ma a un tratto sa che deve lasciarla e tra un minuto se ne andrà (la sveglia apposta per comunicarle che deve lasciarla e che tra un minuto se ne sarà già andato). La cantiamo tutti in coro, come se fosse una splendida canzone d'amore e nell'immaginario è sempre passata cosí, ma in effetti quest'uomo (che forse non è un vero uomo, dice, ma forse invece è proprio il classico uomo) si scopa una e poi poco dopo, a un tratto, sente il senso di colpa, a un tratto, e non può fare a meno di confessarle che adesso ha tanta voglia di un'altra – che poi è la sua vera donna. Quella che si è appena scopato non dice una parola, tanto che uno sulle prime pensa che stia dormendo, e invece sta mordendo le lenzuola in silenzio e lui sa che non perdonerà. Ma non può farci niente: si è reso conto

all'improvviso che il suo posto non è qua, è là, e nella mente c'è tanta, tanta voglia di lei. Ora, nessuno può avere nulla in contrario sul fatto che lui senta che il suo posto è là e
non è qua. È legittimo. Però, secondo me, una cosa del genere si dovrebbe sentire *prima* di scopare, non appena dopo.
Il senso di colpa – perché questa è una canzone sul senso di
colpa, non sull'amore – o gli viene prima, oppure se lo può
pure trattenere un po'. No, invece accade esattamente il contrario: prima non dice niente, anzi non avrà probabilmente
neanche detto di avere qualcuno che lo aspetta, per carità, e
se ha detto qualcosa saranno state parole gentili, seducenti e
romantiche. Poi, d'un tratto, *dopo*, subito dopo, d'un tratto,
sa che deve lasciarla e sa che il suo posto è da un'altra parte.
Lo sa con certezza assoluta. E non solo. Ma deve pure andare via subito, perché il suo amore si potrebbe svegliare e chi
la scalderà, che non è una cosa molto carina da dire a qualcuno con cui hai appena – appena! – scopato. Ma non può
farci nulla: nella sua mente c'è tanta, tanta voglia di lei. E
quel «tanta, tanta» ripetuto due volte è davvero cinico. Poi
la seconda strofa è tutta dedicata alla tenerezza del suo amore (quello vero) che si gira dormendo nel letto e cerca il suo
uomo che non c'è. Però la strana amica di una sera si sente
uno schifo e la donna amata è stata tradita, e se apre gli occhi
lo scoprirà. Noi contribuiamo alla sua esperienza cantando
a squarciagola insieme al Pooh, identificandoci con chi, non
ho capito – con la ragazza sconosciuta e abbandonata? Con
la donna che cerca il suo uomo che non c'è? Con il senso di
colpa di lui? Boh.

Poi un altro Pooh canta la canzone di un tale che non tra-
disce il suo amico con la donna del suo amico, un altro ancora canta una canzone dedicata alle nozze d'argento dei suoi
genitori. Baudo annuncia le anticipazioni del telegiornale,
ma torniamo subito per sentire l'ultima canzone dei Pooh.
La sentiamo e ci balliamo sopra, mentre tutti festanti ci av-
viamo verso la conclusione, che Baudo sancisce con il solito
entusiasmo, passando la linea al telegiornale. Quando la sigla

del tigí parte, i Pooh si fanno intorno a lui per abbracciarlo e ringraziarlo, e lui si crogiola dicendo ai Pooh che non devono ringraziarlo mentre si capisce benissimo che pensa che lo devono ringraziare moltissimo. Insomma, si comporta con i Pooh allo stesso modo di come si comportano con noi alcuni interni Rai quando ci raccomandano per entrare qui.

Tutt'intorno c'è aria di smobilitazione, mentre noi siamo indecisi e sulla nostra indecisione interviene di nuovo il nostro padre padrone che prende ancora una volta il microfono e dice se cortesemente non ci alziamo, se abbiamo un altro po' di pazienza perché come ci aveva annunciato adesso c'è l'ospite a sorpresa, e di nuovo, scandalosamente stavolta, non ci dice chi è!, promettendoci che non è tanto un favore che facciamo noi a loro, ma un favore che fanno loro a noi; ma io, se devo essere sincero, adesso non gli credo, perché adesso – ma anche prima –, se fosse stata una splendida sorpresa, avrebbe potuto dircelo. Soprattutto se è vero, come comincia a girar voce, che l'ospite è Renato Zero. Devo confessare che il fatto che possa essere Renato Zero mi spingerebbe a restare, anche se ho la schiena a pezzi, sono annoiatissimo e insofferente e posso riscattarmi solo se Renato entra cantando «quante volte ho guardato il cielo», quella degli spermatozoi che sono la tua forza, tutto ciò che hai; ma continuo a non essere convinto che le voci siano esatte e allora mi decido, scendo e vado da quello bassino che assegna i posti e dico, con aria finto entusiasta: «Ma chi è l'ospite a sorpresa?» E lui, forse disobbedendo alle consegne, forse perché ormai è sicuro che io rimanga, forse perché pensa davvero che sia una figata, finalmente lo dice: è quello che fa il papa. Cioè, tradotto, l'attore che interpreta Giovanni Paolo II nella fiction su Giovanni Paolo II che andrà in onda tra un paio di settimane. Ecco perché non ce l'avevano detto. Perché man mano che la voce si sparge, il pensiero comune non esplicitato ma che sta ben piantato dentro le nostre teste è: e chi cazzo è questo? Oppure: e chi se ne fotte? E come me (prima di tutti) anche gli altri cominciano a scappare – credo di essere

davvero il primo, perché quando arrivo al guardaroba (se si
può chiamare cosí) ci sono solo le due del personale, ma altri
mi seguono a ruota e prima di uscire ho sentito il direttore di
studio che urlava disperato: «Se ve ne andate ditelo, perché
bisogna chiamare dei figuranti che prendano il vostro posto»,
ma noi ce ne scappiamo e non glielo diciamo, sia perché ci
potrebbe convincere (è il suo mestiere) a rimanere a sentire l'attore che interpreta il papa che spiega a Pippo Baudo
quanto è stato emozionante e difficile interpretare il papa,
sia perché, non ho capito, tu non dici a noi, truffandoci, chi
è l'ospite a sorpresa e noi dobbiamo comportarci correttamente
mente con te e dirti che avremmo intenzione di andarcene?

No. Ce ne andiamo e basta.

La questione definitiva che sento, andando verso il moto-
rino in mezzo a un gelo pazzesco, muove da quella idea che
ho capito hanno gli autori di *Domenica in* (e di tutti gli altri
programmi popolari televisivi e di tutte le fiction televisive)
verso quello che fanno – ricapitolo: la sensazione netta, cioè,
che loro se stessero a casa la domenica non vedrebbero *Domenica in*. Cosa assolutamente legittima, per carità, ma che
non funziona per niente rispetto alla qualità delle cose che si
fanno. E la dimostrazione di tutto ciò è nel fatto che anche
stando lí, davanti a quello che succede, se ne disinteressano a
tal punto che sembra non abbiano audio e video degli eventi
che accadono a un metro da loro.

La dimostrazione inconfutabile sta in come siamo stati trattati. Nel disprezzo composto e costante che abbiamo
sentito in tutti gli sguardi che abbiamo incrociato, da quando siamo entrati fino a ora che usciamo da qui. In pratica, il
fatto di essere delle persone che hanno voglia di venire qui
come spettatori di *Domenica in* ci rende automaticamente
degli imbecilli, ai loro occhi. Una cosa che io sarei anche disposto a capire, e che potrei anche accettare da tutte le persone che stanno lí fuori, ma non da quelle che stanno qui
dentro. Non possiamo essere considerati degli imbecilli che

guardano *Domenica in* da quelli che *Domenica in* la fanno.
Questo è troppo.

Giletti, la Corna, Baudo – e forse anche la Venier, visto
che quella volta mi guardava intensamente e mi chiedeva di
rispondere perché stavo a casa, ma chissà cosa avrebbe fatto se fossi stato lí davanti a lei, in carne e ossa – non hanno
un vero «dietro le quinte», appaiono e scompaiono in corrispondenza della diretta e dichiarano di amarci tantissimo,
ma non ci guardano neanche in faccia qui, ci guardano solo
attraverso le telecamere. Eppure noi, molto semplicemente,
siamo il pubblico a casa che si fa carne e ossa e viene qui.
Da casa ci dicono che ci amano, e poi veniamo qui attirati
da questo amore che crediamo vero, e qui invece la risposta
migliore è l'indifferenza, quella costante è il disprezzo. Siamo trattati davvero come una mandria che ha senso solo nel
momento in cui serve, nel momento in cui si deve alzare a
mostrare entusiasmo perché la telecamera sta per inquadrar-
ci; solo quando una canzone passa dalla strofa al ritornello e
l'aria musicale si apre e noi, spinti dalla sapienza del nostro
direttore, facciamo partire l'applauso entusiasta. Ma tutto
questo costituisce, nello stesso tempo, la serie di motivi per
cui ci disprezzano. Vogliono che ci alziamo e balliamo, ce lo
ordinano; ma poi, se lo facciamo, ci considerano degli imbecilli. Perché loro, qui, al posto nostro, non ci starebbero mai.
E del resto, alcuni di loro, forse, non starebbero nemmeno
al posto loro, se poi non hanno nessuna voglia di constatare
o godere di ciò che fanno.

Noi invece, se siamo qua, è per vedere in carne e ossa
quelli che vediamo in tv. È un incontro da carne e ossa a
carne e ossa. Perché se veniamo qua, anche loro vedono in
carne e ossa noi, quelli che li adorano, quelli che li scelgono,
noi che siamo gli ascolti e noi che compriamo le riviste rosa
per conoscere anche dettagli della vita privata di coloro che
amiamo. Noi che non solo amiamo Mara Venier (io in particolare), Giletti e Pippo Baudo; ma che siamo ricambiati,
siamo amati da Mara Venier, Giletti e Pippo Baudo. Ce lo

ripetono ogni giorno via etere, ci guardano dritto negli occhi – Giletti si avvicina alla telecamera per parlarci sempre con complicità e confidenza.

E poi veniamo qua per mostrare realmente il nostro amore, esattamente lo stesso amore che mostravamo a casa, ci alziamo e applaudiamo anche prima di quando ci fanno segno, perché noi Baudo e Giletti li amiamo veramente. E loro, invece, non ci degnano di uno sguardo, non mostrano nessun interesse, se non ci disprezzano è perché hanno delegato il disprezzo visibile ad altri piú in basso di loro – e però intanto li vediamo, come traditi, che continuano a fare dichiarazioni d'amore a quelli di noi che sono rimasti a casa, a dire che il loro amore è ricambiato.

E allora a quelli a casa glielo dico: non venite qua, restatevene lí sul divano. È l'unico modo per essere amati, non diventare esseri umani reali, concreti, vivi, desiderosi di dare e ricevere amore. È come con le chat: poi non bisogna mai incontrarsi per davvero. Loro ci amano fino a quando siamo indistinti e lontani, sfocati e generici. Ma se poi, attirati dal loro amore, diventiamo individui visibili, nemmeno si rivolgono a noi. Insomma, la nostra pelle sconosciuta e sincera non vale niente perché loro hanno d'un tratto capito che hanno tanta, tanta voglia degli altri che stanno a casa. E se gli altri che stanno a casa avranno intenzione di venire qua – spinti da tante dichiarazioni d'amore – diventeranno automaticamente strani amici di una sera. Tutto ciò, senza nemmeno il senso di colpa che avevano i Pooh. Questo è estremamente deludente.

Ci sono esseri umani che si ostinano ad accendere il camino. Parlano di atmosfera, di calore antico, propongono di sedersi tutti intorno al fuoco; ma nella sostanza, nei fatti, passano il tempo a procurarsi legna di varie dimensioni, giornali che bisogna tagliuzzare con cura; poi cominciano a fare dei tentativi per accendere il fuoco, con giornali e ramoscelli, ma non riescono ad alzare la fiamma; hanno pazienza e riprovano, fino a quando, dopo molto tempo e molta fatica, ci riescono: cioè riempiono la stanza di fumo, tossiscono, fanno vento, dicono che bisogna avere pazienza e si meravigliano che la cappa non tiri come dovrebbe, cercano una soluzione, dicono che forse la cappa deve essere ripulita (lo hanno già fatto, da poco), credono infine di aver trovato la soluzione e dicono che adesso, vedrete, funzionerà – e intanto sentono tutti molto freddo; restano lí davanti immobili per controllare di continuo che la fiamma non si spenga o che il fumo non riempia la stanza (quando dicono: sediamoci tutti davanti al camino, lo dicono all'apparenza per riproporre un'usanza antica, ma in verità vogliono stare davanti al camino perché cosí possono controllare di continuo se la fiamma si spegne).

Il riscaldamento, invece, inventato dopo il camino come passo in avanti del progresso, per migliorare la condizione umana sia riguardo alla quantità di fatica sia riguardo alla qualità del calore, è costituito da una manopola che si gira in senso orario e i termosifoni emanano calore e la casa si riscalda. Quando vi basta, girate la manopola in senso antiorario e i termosifoni si spengono. Una cosa molto semplice.

Allo stesso modo, non capisco quelli che preferiscono percorrere le strade statali anziché le autostrade. Le autostrade ti portano dove vuoi in modo veloce e soprattutto molto rassicurante, con tutte le indicazioni giuste. Quando vedo il casello e abbasso il finestrino e prendo il ticket e la direzione giusta, mi sento al sicuro. Come se fossi fuori in viaggio e allo stesso tempo mi sentissi protetto all'interno di un confine, come se fossi rimasto nei pressi di casa. Anche perché all'interno delle autostrade, cioè all'interno di questo interno/esterno, ci sono davvero delle case: gli autogrill.

Secondo una ricerca del «Sole 24 ore», oggi ho fatto colazione nel peggiore autogrill d'Italia e ho pranzato nel migliore. Ci sono riuscito non perché abbia corso a trecento all'ora sulle autostrade d'Italia, ma perché i due autogrill non sono distanti. Anzi, ho dovuto (e voluto) bighellonare sfaccendato per qualche ora – cosa che negli autogrill è inconsueta, sconsigliabile e sospetta. Perché, in verità, mi sarebbe bastato attraversare la strada; anche se, attraversando la strada, probabilmente sarei morto, falciato dalle auto velocissime che sfrecciavano su quella parte di Autostrada del Sole che è il tratto Roma-Napoli.

Perché i due autogrill a cui la ricerca attribuisce rispettivamente cinque stelle e una stella sono uno di fronte all'altro. Sono tutti e due a Teano. Secondo la ricerca, l'autogrill Teano Est, quello che sta dalla parte di chi da Napoli va verso Roma, è il peggiore autogrill d'Italia. Teano Ovest, dalla parte di chi da Roma va verso Napoli, è il migliore autogrill d'Italia. Non mi chiedete come sia possibile che una ricerca di un quotidiano autorevole abbia dato un risultato del genere, che sembra una trovata pubblicitaria per avere un trafiletto sugli altri quotidiani, perché non vi so dare una risposta. So soltanto che non solo è un dato di fatto, ma è il modo migliore per esprimere perfettamente un pensiero sulla condizione meridionale, come se fosse una metafora individuata per caso da ricercatori di mercato, che racconta come convivono in modo contraddittorio e ineliminabile, nello stesso luogo, il meglio e il peggio; come convivono liberamente e senza ricevere tentazioni l'uno dall'altro. E soprattutto che una via di mezzo, spesso salutare e in fondo risolutiva, è inconcepibile. Ma adesso non voglio occuparmi della questione meridionale, quindi lascerò perdere l'approfondimento della metafora.

Sono venuto qui oggi, proprio oggi, in uno dei momenti piú delicati dell'anno, per quanto riguarda le strade: si tratta di quello che ormai – e qui invece senza piú alcuna intenzione metaforica, dimenticata dalla consuetudine – i telegiornali chiamano «esodo». Succede a Natale, a Pasqua e d'estate nei giorni in cui tutti partono per le vacanze o tutti tornano dalle vacanze. Già che c'ero, ho scelto di visitare i due autogrill di Teano, perché cosí posso anche rendermi conto di quali differenze possano esserci tra l'autogrill a cui sono state date cinque stelle e l'autogrill a cui ne è stata assegnata solo una. Perché il mio problema è che fino a quando non ho letto i risultati della ricerca del «Sole 24 ore» ero assolutamente convinto che gli autogrill fossero tutti uguali, casomai variassero per grandezza, che non solo fossero piú che simili tra loro, ma lo fossero per una volontà precisa e non casuale. Hanno tutti un solo marchio e un solo stile, una sola concezione e un solo arredamento, e sono poi gestiti da persone diverse. Questo mi sembra decisamente un dato di fatto.

Voglio che sia chiaro: vado matto per gli autogrill. Quando devo partire per un viaggio in auto, mi basta pensare che mi fermerò in un autogrill e ordinerò un panino Fattoria – due fette di pane di grano con speck e formaggio francese – e una Coca-Cola acquosa per scacciare via il peso del viaggio e il pericolo del traffico. Posso pensare anche al Rustichella – pane pizza, pancetta affumicata, provola affumicata, origano – ma come tutti gli adepti del Fattoria sono contro il panino Fantasia (di cui non dirò nemmeno gli ingredienti, per attuare il mio personale embargo); in ogni caso, basterà pensare a come sono messi in fila nel banco di vetro, a come sono uguali in ogni autogrill i cartellini che annunciano il nome del panino e descrivono gli ingredienti; e soprattutto a come quei panini – Fattoria, Rustichella, e poi Capri e Camogli, e, vabbè, anche Fantasia – vengano messi a riscaldare dentro una serie di grill tutti uguali e come vengano puntualmente dimenticati a lungo lí dentro e ti vengano consegnati molto molto caldi, tanto che non si riescono a tenere nemmeno in mano. E come, quando finalmente li addenti, abbiano lo stesso sapore a Pordenone o a Lecce. Ma se si parte da questa sensazione collettiva, in cui possiamo inglobare anche i pro-Fantasia (o contro-Fattoria, che è lo stesso), metterci la sezione self-service con il banco dei primi, dei secondi, dei contorni, dei dolci, delle bibite con il cavatappi legato alla catenella; i bagni sotto o fuori a seconda della grandezza dell'autogrill, i corridoi di merce varia e tutto il resto, bisogna convenire senza possibili eccezioni che gli autogrill – per una scelta piú che consapevole, intenzionale – sono praticamente tutti uguali, e variano solo per le dimensioni o il tipo di struttura. Quindi, poiché gli autogrill sulle autostrade d'Italia sono centinaia e centinaia, poiché è stata stilata una classifica da degli esperti, mi chiedo quanta differenza ci possa essere tra il primo e l'ultimo in classifica – visto che è come una gara di ciclismo in cui il gruppo arriva compatto e in volata, e a tutti viene attribuito in classifica lo stesso tempo. Mi chiedo, insomma, cosa potranno vedere i miei occhi nudi di diverso tra il primo e l'ultimo; mi chiedo se la differenza è visibile per il visitatore di autogrill oppure se anche qui le differenze di sostanza sono invisibili a chi ne usufruisce – ai clienti – e si tratta di questioni che possono essere valutate e notate solo da esperti; decodificate da un mondo specializzato – da tecnici.

Oggi comincia l'esodo per le vacanze di Pasqua. Le autostrade sono già intasate, Isoradio parla di rallentamenti, code, incidenti. Dice che come al solito ci sono lunghe code alla barriera di Salerno, pronuncia quelle che sono ormai formule consuete per l'ascoltatore della radio sulle autostrade – una sorta di declamazione in versi: barrieradimercatosanseverino, roncobilaccio, bolognaborgopanigale, lainatecomochiasso; ci raccomanda di non mangiare molto, di fermarci ogni tanto (agli autogrill, appunto), di fermarci immediatamente appena sentiamo una stanchezza sonnolenta e di farci un riposino anche sul ciglio della strada; di non correre, di tenere accesi i fari. I tabelloni luminosi invece sono piú risoluti e gelidi; ci minacciano con i punti: se superiamo il limite di velocità ce ne tolgono tot, se non allacciamo le cinture, se non ci teniamo sulla corsia piú lenta... Poi ogni tanto ce n'è anche uno che conta i morti per incidente sull'autostrada (uno dice: «Da gennaio, sulla Roma-Napoli 28 morti»), come se fosse un dato statistico e invece è un'orribile minaccia, e innervosisce, allo stesso modo di come innervosiscono i genitori convinti che per spronarti debbano umiliarti o metterti paura – e ottengono solo umiliazione e terrore, senza nessuno sprone. E molto nervosismo, appunto.

Comunque in Italia, le code, le uscite, le autostrade fino agli imbarchi e i valichi sono la questione centrale, sono i titoli del telegiornale di oggi e dei quotidiani di domani. Stare qui è essere uno di quelli che al casello saluta le telecamere della Rai quando viene inquadrato dopo ore di fila, oppure che risponde al cronista di essere partito alle cinque di mattina, ma di non aver potuto evitare le lunghe code.

Adesso non sono le cinque di mattina, ma è presto. Qui, su questo tratto di autostrada, salendo verso Roma, c'è un traffico quasi normale. E anche sull'altra carreggiata, considerando la minaccia delle prossime ore e il poema apocalittico che Isoradio snocciola già per altri luoghi, non è poi cosí terribile: le auto sono tante, molte di piú del normale, ma procedono ancora liberamente, solo con un po' di prudenza – la prudenza è un'altra esortazione dei tabelloni luminosi, detta in modo piú gentile, ma ormai il pregiudizio verso la loro violenza non è eliminabile. Gli autogrill sono

l'unico luogo di sollievo. Qui, davanti a me, c'è il peggiore
d'Italia e sto per entrare. Dalla parte opposta c'è il migliore,
e ci andrò dopo.

Quando entro, mi trovo dentro un autogrill spazioso, pulito, con struttura classica: grande bancone di fronte, sulla
destra il self-service che a quest'ora è chiuso, una scala che
scende e porta ai bagni, la cassa che fa angolo sia dove si entra per fare lo scontrino per il bar, sia dove si esce per pagare
quello che si è comprato. Le due parti della cassa sono l'inizio e la fine di due lunghi corridoi, che vanno e che tornano, che sono il percorso obbligatorio da fare per uscire. C'è
abbastanza gente, non tantissima, ancora. I panini Fattoria,
Fantasia, Rustichella eccetera sono esposti nel banco di vetro con i nomi e gli ingredienti, come al solito. L'autogrill
è quello che deve essere, insomma. Dopo pochi minuti che
sono dentro, mi succede una cosa insolita. Il primo contatto
umano che ho è con il signore alla cassa, al quale chiedo un
cappuccino e un cornetto, lui mi batte lo scontrino, io gli do
i soldi e lui mi dà il resto. Come contatto umano, cosí cosí – normale, diciamo; e infatti non è questa la cosa insolita.
   Il secondo contatto umano è con un bambino. Saranno
passati tre minuti da quando sono entrato e sento qualcosa
che mi blocca le gambe: guardo giú e vedo un bambino di
tre o quattro anni che abbraccia le mie gambe, le tiene stret-
te, non per gioco, per un atto d'affetto; anche la sua testa è
abbandonata sulle mie gambe. Lo guardo fisso cercando di
organizzare sul mio viso l'espressione piú rassicurante possibile, per quando alzerà gli occhi e incrocerà il mio sguardo
e scoprirà che non sono il padre come di sicuro crede, ma un
altro, uno sconosciuto: temo di fargli paura, non vorrei proprio, perché è un bambino cosí piccolo e perché mi ha abbracciato con calore, quindi contraccambiarlo con la paura
mi dispiacerebbe, anche se non è colpa mia. Infine, il bambino alza gli occhi e mi guarda. Io spero con tutto il cuore di
aver messo sul mio viso l'espressione piú rassicurante pos-

sibile. E scopro una cosa straordinaria: il bambino mi sorride, i suoi genitori sono lí accanto che sorridono anche loro imbarazzati, e scopro con chiarezza che il bambino non mi ha scambiato per nessun altro, ha abbracciato me, proprio me in questo modo.

Non so perché.

O meglio, forse un po' lo so e non riguarda me in particolare (e questo è un poco rassicurante, visto che non ho idea di chi sia): le persone quando si mettono in viaggio – e qui in pratica tutti stanno andando da qualche parte per una piccola vacanza – diventano allegre. Questa allegria si esprime in modo compiuto nell'incontro con gli altri in autogrill. Me ne accorgo immediatamente guardando e ascoltando le persone che sono accanto a me al bancone del bar: una coppia giovane e una famiglia. Stanno facendo colazione e stanno chiacchierando amabilmente – dove andate?, e voi?, noi ci siamo stati l'anno scorso, è un po' costoso, per ora si cammina ma tra un po' sarà dura, mia moglie non si mette in viaggio se non..., noi ogni anno andiamo in un posto diverso, buon viaggio, anche a voi... Ecco: buon viaggio. Il tono di quel buon viaggio è sincero e solidale. Perché ha una doppia valenza, di allegria e preoccupazione.

La preoccupazione ce l'ho ben presente. È diventata definita e definitiva poco dopo i diciotto anni, quando con il mio gruppo di amici, appena arrivava giugno, partivamo per il mare il sabato mattina e tornavamo la domenica sera. Era vicino il mare, normalmente ci sarebbe voluta un'ora, un'ora e un quarto. Noi ci mettevamo sempre tre-quattro ore all'andata e quattro-cinque al ritorno. Lo facevamo già da qualche anno, e io avevo sempre una sensazione di angoscia ogni mattina che mi svegliavo e qualcuno doveva venire a prendermi per andare al mare; ma quando ho avuto la patente e ho cominciato a usare la mia automobile per andare, tutto questo è diventato definitivo ai miei occhi. Da quando avevo cominciato a guidare, i sabati e le domeniche d'esta-

te erano diventati un incubo. Perché da una parte non sarei
voluto andare mai, per nessun motivo, a infilarmi in quegli
ingorghi nel caldo asfissiante, dall'altra non avevo ancora
quell'autonomia sensata che si ha poco dopo quando si riesce perfettamente a fare tutto quello che si vuole in maniera
autonoma. Tutti i miei amici andavano e a me sarebbe toc-
cato rimanere a casa. Non potevo, avevo il timore di perderli, avevo il timore che succedesse qualcosa e io non ci fossi,
dovevo stare con loro. Quindi andavo anch'io. Sentivo addosso una tortura irrespirabile, e odiavo con tutto il cuore
i fine settimana estivi. L'unica soluzione sensata che potei
provare fu comprare la moto. Che mise fine per sempre alla
mia sopportazione degli esodi di qualsiasi tipo. I miei amici
partivano ore prima e io con la mia moto arrivavo leggero e
allegro nel tempo necessario, zigzagando tra le auto e a volte
raggiungendo la loro macchina e sbeffeggiandoli.

Da allora in poi, anche quando non ho piú avuto la moto, la mia vita si è modellata sull'impossibilità di partecipare
all'esodo. Ovviamente sono un privilegiato, perché ci sono
persone che vorrebbero non partecipare all'esodo e devono
per forza, altrimenti non avrebbero altri giorni per andare in
vacanza. Questo lo so. Ma quello che ho capito col passare del
tempo, con mia grande sorpresa, è che non è la maggioranza
delle persone. La maggioranza delle persone è come questa
coppia giovane e questa famiglia, e questo bambino che ha
abbracciato le mie gambe e i genitori che sorridevano imbarazzati. Sono contenti di essere in viaggio, anche se il viaggio
dovesse essere faticoso e a volte terribile com'è la maggior
parte delle volte che si mettono in viaggio. Come succede
senza scampo nei giorni di Pasqua, Natale e di inizio vacanze. Ma poiché è matematico, lo hanno già messo in conto.

Mi sono chiesto per tutta la vita, avendo la nevrosi di non
viaggiare mai piú quando c'è il minimo pericolo del traffico,
nevrotizzando chiunque viaggiasse con me calcolando partenze o ritorni piú che intelligenti, geniali, con la soddisfazione vicina alla felicità assoluta di percorrere strade vuote la

domenica mattina o mentre tutti gli altri pranzano o mentre sono sulla spiaggia o mentre sono in vacanza o a notte fonda, la felicità di entrare in città e arrivare fino a casa senza problemi, senza intoppi a barrieramercatosanseverino, roncobilaccio, bolognaborgopanigale, lainatecomochiasso e tutto il resto – sempre mi sono chiesto come facessero tutte queste persone a sopportare quelle ore chiuse in auto, avanzando a passo d'uomo, arrivando distrutti e ripartendo per affrontare code ancora piú lunghe; come potessero poi veramente pensare di godersi quelle giornate che stavano in mezzo alle partenze e agli arrivi, senza pensare alla fatica fatta e soprattutto a quella ancora da fare.

E adesso, il bambino che abbraccia le mie gambe sembra spiegarmelo. È perché sono allegri, se non felici. È perché il viaggio, l'autostrada, le canzoni in auto e la sosta all'autogrill sono già la vacanza. È perché partire vuol dire essere disposti ad accettare un sacco di cose, avere voglia di scambiare qualche chiacchiera con gli sconosciuti, e se si potesse – se davvero si è cosí felici di essere andati – abbracciare uno sconosciuto. Cosa che una persona adulta ha imparato a non fare, ma un bambino ancora no, e quindi la fa. Creando un attimo di imbarazzo per tutti, ma soprattutto per me se non ho dentro quella buona disposizione alla giornata che, se mi giro intorno, qui dentro hanno tutti.

Quello che è ancora piú chiaro è che io non lo so, ma gli autogrill lo sanno. Gli autogrill sanno benissimo com'è l'umore dei viaggiatori che fanno una sosta sull'autostrada. Lo sapevano già quando sono nati insieme alle autostrade, quando gli ingorghi e gli esodi non esistevano, ma esisteva insieme alla nascita degli autogrill e delle autostrade – preesisteva anzi – questa leggera euforia di essersi messi in viaggio, del portabagagli carico di roba, della sosta per il caffè, del controllo continuo del cielo per capire com'è il tempo, alza e abbassa il finestrino, accendi e spegni il riscaldamento e tutto il resto delle cose che man mano allontanano da casa, dalla solita

vita, in nome di una non identificata eccitazione, insensata – ma perché dovrebbe essere sensata? E perché il traffico,
l'esodo, gli ingorghi, una coda per un incidente dovrebbero
minare tutto questo? In fondo, il sentimento è: siamo tutti
desiderosi di andare via. E gli autogrill lo sanno. Conoscono perfettamente questo umore, perciò sono modellati su di
esso. Conoscono alla perfezione soprattutto la conseguenza
psicologica di questo umore, riconoscibile attraverso i codici
del sorriso, della pelle lucente, degli abiti stropicciati senza
cura, della composizione affettuosa e compatta degli occu-
panti dell'auto, che rimane tale anche all'interno dell'autogrill fino all'uscita, del vociare quasi chiassoso – il risultato di
tutto ciò, gli autogrill lo sanno, è un senso di diversità dalla
vita quotidiana, che si esprime compiutamente in una frase:
    «Ma siamo in vacanza!»
    Che significa: possiamo permetterci delle stupidaggini,
delle cose in piú, dei capricci.
    Gli autogrill lo sanno molto bene. E il modo per esprimere
la comprensione e allo stesso tempo per dare una risposta a
quest'apertura è contenere praticamente tutto. Tutto quello
che si può contenere per rispondere in modo pratico all'af-
fermazione risolutiva: «Ma siamo in vacanza!»

Non tenendo conto del self-service, del bancone del bar
dove sto bevendo un cappuccino e mangiando uno di quei cornetti surgelati-riscaldati, fragranti e molto burrosi, che – non
so se è corretto dire cosí, ma tanto per me è cosí – sono nati
qui, soltanto qui un tempo si mangiavano ed era cosí perché
potevi trovare il cornetto caldo dentro quelle bacheche di
plastica trasparente dove ci si può servire da soli, aprendola
dal lato clienti, anche alle quattro di mattina; sono nati qui
questi cornetti e in seguito sono emigrati in ogni angolo di
mondo, e adesso sono in qualsiasi bar sotto casa e anche a
casa, se volete, basta tirarli fuori dal freezer e far fare loro
un valzerino nel microonde. Ma l'odore burroso e fragran-
te, artificioso e buono come molte delle cose commestibili

che ci sono negli autogrill, adesso è un odore riconoscibile spesso. Buono e artificioso è anche stato un altro prototipo poi diffusosi nei supermercati, e cioè la lasagna della Pavesi (allora l'autogrill si chiamava cosí), che era morbida e besciamellosa ma aveva un odore e un retrogusto nuovi, poco riconoscibili, che poi abbiamo scoperto diffondersi fino ai Quattro salti in padella.

Non tenendo conto di tutto ciò, ecco un catalogo incompleto di ciò che si può trovare sugli scaffali dei lunghi corridoi degli autogrill: il Toblerone gigante è forse il simbolo dell'autogrill, la sineddoche (poi, quando saremo in macchina incolonnati in una lunga coda che non si sa quando finirà, mangeremo tutti insieme un Toblerone, un triangolo per uno); pacchi di caramelle Elah mentaliquirizia, liquirizia, latte, frutta; Chupa Chups di ogni doppio gusto con propensione per la cola, cosí come le Haribo alla cola (che hanno la forma della bottiglia di Coca-Cola mezza piena), i rotoli Haribo alla liquirizia e molti altri pacchi Haribo misti – ogni confezione di caramelle o cioccolata non la dovete immaginare meno grande di una sacca da viaggio, qui è tutto in confezione maxi, come se invece di un autogrill foste finiti da un grossista di dolciumi: ci sono confezioni maxi di Twix, Mars, Lion, Bounty, Kit Kat, Kinder Cereali, Duplo, Bueno, Smarties, Tronky; ci sono tavolette maxi di cioccolato Milka, Galak, Lindt, Novi, Ritter, Nippon e altre quindici-venti marche, e per ogni serie ci sono vari tipi di nocciole, latte, fondenti, extra-fondenti, amare in percentuali che vanno dal venti al cento, bianche, nèrissime; delle tazze per il latte Milka muuuug con dentro la cioccolata al latte; ci sono confezioni maxi di Galatine al latte, al cioccolato e alla fragola; dei pacchi giganteschi di minuscole Golia (in ogni pacco forse ce ne sono milioni) e dei pacchi giganteschi di Saila Menta; caramelle gommose ai frutti di bosco e le win gum, ci sono delle bamboline «quaranta» o scatole quick and fresh, roba con Gatto Silvestro o il coyote sulla busta e di tutto questo non capisci il contenuto: bambole? Caramelle?

Pupazzi? Chewing-gum? Cioccolata? Boh! Ci sono persino i cioccolatini Mozart salisburghesi, il torrone Zanzibar, le fantastiche caramelle Kopiko al caffè, che sono di quelle che ne mangeresti dieci alla volta e quando lo fai non dormi per tre giorni e picchi chiunque ti contraddica; le Ricola ai vari gusti sofisticati, roba tipo «cristalli di zucchero alle erbe svizzere»; le Quality Street in scatole eleganti tipo i biscotti della nonna; i biscotti della nonna, anche; una svariata quantità di caramelle senza zucchero, le Gemme o il Frutteto Sperlari, Licorice Drops o Fruit Drops della Taveners (che sono quelle caramelle completamente ricoperte da zucchero a velo che si sparge in ogni angolo del mondo appena apri la scatola); ci sono biscotti di ogni tipo che hanno accompagnato tre generazioni almeno, partendo dai Bucaneve, passando per Pavesini e Ringo, attraversando i devastanti Grisbí, poi le Ore Liete, i Mikado, le Gocciole, i Krumiri, ogni tipo di Bahlsen e la speciale perversione dei Cerealix, finendo alle migliaia di varietà di biscotti e merendine del Mulino Bianco che potrebbero occupare un autogrill tutto loro; cantuccini provenienti da ogni paesino della Toscana, biscotti per il tè che fanno a gara a chi contiene piú burro; amaretti come se piovesse; la Ghiotteria, una specialità tipica toscana; e soprattutto ci sono le caratteristiche chewing-gum nella forma delle palline colorate, messe dentro plastiche trasparenti e in fila come se fossero pallottole, ognuna delle quali contiene un numero di coloranti talmente predominante che il sapore non è altro che il sapore inconfondibile dei coloranti. A proposito di colori, poi, ci sono gelatine dai colori molto intensi e c'è la pasta di ogni regione con una specie colorata anche di rosso e di verde per rendere definitiva la sua appartenenza nazionale; Cipster e patatine ai vari gusti, Rodeo, noccioline e salatini, grissini Fagolosi, Fonzies e taralli, le bruschettine dall'unto indelebile (al rosmarino, all'olio extravergine, al pomodoro); le offerte di vino, pasta, salamini, oli extravergini, pesche sciroppate e qualsiasi cosa sott'olio (peperoni, melanzane, peperoncini, fagioli, cipolle), e tutto ciò conduce al reparto anch'esso esemplare e dall'odore potente delle mortadelle giganti, dei prosciutti di Parma, dei salami di ogni animale esistente fino a quando non sarà estinto (dai salami stessi), provoloni potenti, caciotte, pecorini e caprini, stagionati e non; poco lontano, senza soluzione di continuità e accompagnati dall'odore dei salumi, cominciano i giacconi, le maglie di Inter e Juventus, i peluche giganteschi, libri, cd, dvd, le Barbie, le Winx e le Polly, ogni oggetto Disney a forma di Winnie the Pooh (chissà perché Pippo Baudo non ha pensato di inserirlo nei festeggiamenti dei Pooh, era un'idea) o Topolino, Pluto e Biancaneve; poi uno scaffale gigantesco di modellini di auto di tutti i tipi e di tutte le dimensioni, come se ci fosse (e ci sarà) un rapporto diretto tra il viaggiare in auto e comprare delle automobiline giocattolo; molti palloni da calcio, ancora sgonfi o già gonfi; adesso uova di Pasqua di tutti i tipi e specie – e in altri momenti pandoro e panettone, calze della Befana, racchettoni e secchielli e palette e frisbee. Il Colosseo, immaginette dei papi (Wojtyła e Ratzinger) e di Padre Pio, giochi di società e delle tavole di legno che sembrano le tavole date a Mosè per i dieci comandamenti in cui c'è scritto per esempio «lo disse il dio Nettuno, i cazzi suoi non se li fa nessuno», oppure delle mattonelle con scritte in stile benedettino «se il marito parla bene e la moglie tace, la famiglia vive in pace»; delle pergamene con i nomi della serie «dal nome ti dirò chi sei», un set di bicchieri e bottiglia per il limoncello, cioè con dei limoni disegnati sopra. Ho visto anche – ma questo nell'autogrill a cinque stelle – una cosa che per una persona nata e cresciuta a Caserta come me è una specie di bestemmia davanti al papa: la mozzarella di bufala tenuta in frigo.

(A un certo punto, in realtà, ho scoperto che in questo posto dove c'è tutto, non c'è tutto. Mentre prendevo appunti la mia penna ha cominciato a perdere colpi e ho scoperto che qui, dove vendono tutto, non vendono penne, e non so perché, mi sono un po' avvilito).

La prima domanda che ci si fa dopo aver passeggiato intorno a questa quantità di roba è: ma la gente la compra? La risposta è sí. Perché è allegra e ben disposta e alla fine di un'indecisione sa sempre rispondere: «Ma siamo in vacanza!» – proprio perché è già in vacanza.

Non è un caso che il percorso dei corridoi degli autogrill sia uno dei primi concepiti in modo razionale per il consumo. È uno dei primi che è stato strutturato in modo che per uscire da un autogrill devi per forza di cose passare accanto a tutto – tutto – ciò che è esposto qui. I corridoi sono molto lunghi perché devono contenere un sacco di roba, molta piú di quanta ne abbia descritta, e perché devono dare il tempo alla gente ben disposta di concedere o concedersi una leggerezza, dopo aver resistito quattro-cinque volte, appena dopo aver riflettuto un attimo, solo un attimo, sull'opportunità di tale leggerezza e aver deciso per il sí perché siamo in vacanza, perché l'umore è buono e perché in macchina bisogna avere una gran quantità di cazzate intorno alle quali perdere tempo per non distrarre il guidatore, per trarre piacere e per fare una piccola trasgressione con gli zuccheri. Si comprano certi tipi di caramelle o di biscotti farciti o di bevande colorate, in autogrill, che non si comprerebbero mai da nessun'altra parte e in nessun altro momento – e infatti si assaggiano appena e poi si abbandonano al calore dei tappetini e vengono recuperati nella forma di massa informe dopo giorni e giorni.

Ma tutto questo non è da sottovalutare, o da snobbare: il consumo, in questo caso, è espressione di un sentimento serio e direi quasi civile (il quasi vale soprattutto per caramelle e biscotti che si sciolgono sui tappetini), di una felicità che prescinde dalle questioni private, dallo stato delle cose della propria vita lasciata al punto di partenza. Il Toblerone può davvero essere una risposta – minuscola ma simbolica – alle tribolazioni quotidiane, un modo ingegnoso per allontanarle ancora di piú. Comprare la pergamena o le tavole con i proverbi spiritosi, per quanto possa apparire stupido, è un modo di esprimere la felicità, in questo preciso momento, di essere vivi, vivi, vivi, in mezzo a un'autostrada, in un punto (almeno metaforicamente) equidistante tra la propria vita quotidiana e il tentativo di riscatto della vacanza, ma nel giorno della partenza e non del ritorno – quindi in allontanamento dalla vita quotidiana e in avvicinamento alla vacanza. E qual è il modo di farla cominciare prima, la vacanza? Comportarsi già come se si fosse in vacanza: concedersi un cornetto in piú, le caramelle, i biscotti al cioccolato se dopo ci viene fame in macchina, una bibita, un regalo per i bambini, un dvd in offerta: «Ma siamo in vacanza!» Una felicità generica, insomma, ma molto seria, per cui si diventa ben disposti e inclini a spendere dei soldi per comprare delle stupidaggini allo stesso modo in cui si farebbe la fila se si fosse in *La vita è meravigliosa* di Frank Capra, per donare quegli stessi soldi a un buon uomo della propria cittadina che adesso è in difficoltà (e si chiacchiera con sconosciuti bevendo il caffè o si abbracciano le gambe di un adulto per comunicare un amore universale). Qui, in autogrill, si potrebbe far partire una musica buona per danzare, e gli uomini inviterebbero le donne e tutti ballerebbero e dividerebbero cibo e alcol. È questo il sentimento che ha la gente in autogrill, in special modo nei giorni di esodo.

C'è un altro segnale positivo nei confronti dell'umanità che passa di qui: il distributore di preservativi. Anche questo distributore sembra essere nato qui, prima ancora che le farmacie si decidessero a tirarlo fuori. Qui c'è stato e continua a esserci il primo pensiero evidente e civile e liberamente laico dei preservativi. Ci sono grandi distributori nei bagni, spesso anche piú di uno, tutti bene in vista e tutti forniti a sufficienza (il problema continuo dei distributori automatici di qualsiasi cosa è che ti avvicini a loro sempre con un certo scetticismo, perché pensi che non funzionino oppure che manchi quel che vorresti – e infatti qualsiasi cosa esca dal distributore automatico quando hai infilato le monete e premuto il tasto provoca sempre un moto di sorpresa, come se ti aspettassi che, mettendo le monete e premendo il tasto, non accadesse nulla). Qui ci sono distributori e sono sempre funzionanti. La domanda è: perché qui? E tutte le risposte danno un'idea di cosa sia questo posto. Forse si ritiene che qui, in nome di una leggerezza acquisita, si dica: «E, vabbè, ora compro anche i preservativi, siamo in vacanza!» Cioè, si fa lo stesso ragionamento che si fa per le Haribo alla liquirizia o per i cantucci alle mandorle. Oppure si ritiene che qui, in mezzo al nulla, si scopi di piú: si scopa tanto sulle autostrade (meglio, nelle aree di sosta: il tabellone luminoso non lo intima per pudore, ma se potesse ti ordinerebbe di non scopare in autostrada), negli autogrill, si va verso vacanze in cui si scopa, ci sono camionisti che scopano tanto – insomma può darsi che ci sia un'idea di fornicazione piú frequente che nella vita normale, sia durante il viaggio sia nei luoghi dove si è diretti; anche questo ha a che fare con il buonumore frankcapriano, con la voglia di ballare tutti insieme, cioè con un sotterraneo risveglio erotico che è in piena sintonia con l'allontanamento dalla quotidianità. E poi c'è un'altra ragione, forse piú pratica ma allo stesso tempo piú suggestiva: se vale ancora l'idea che sia difficile chiedere una scatola di preservativi in farmacia, o armeggiare con le banconote e stirarle in mezzo alla strada mentre passano altre persone, se ancora ci si vergogna di acquistare preservativi (e secondo me ci si vergogna ancora, almeno un po'); se quindi ci si vergogna meno se si va in un altro quartiere a chiedere a un farmacista o a infilare banconote, in un luogo lontano da casa; se diamo per buona questa ipotesi, allora l'autogrill è il luogo della libertà, il luogo lontano da casa per tutti, l'altrove di ognuno, il luogo in mezzo al nulla, dove il coraggio si trova piú facilmente che da qualsiasi altra parte.

Il distributore automatico di preservativi, per essere piú precisi, non è nell'autogrill, ma nel bagno degli uomini. È davanti a me adesso, uno scatolone enorme e bianco con pulsanti vari e opzioni di vario tipo. Uno dei motivi principali per cui ci si ferma in un autogrill – non lo dice la ricerca del «Sole 24 ore», ma si può essere abbastanza sicuri che sia cosí – è per fare pipí. Non c'è probabilmente uno solo di tutti gli esseri umani che si fermano ogni giorno in autogrill che non faccia una visita al bagno, o per un'esigenza impellente o per evitare di fermarsi in seguito (in un altro autogrill).

I bagni degli autogrill sono uno degli spazi piú rassicuranti che esistano.

In genere, chi costruisce qualsiasi cosa si comporta come quelli che organizzano una festa: fanno previsioni per difetto e non per eccesso; il risultato è che in una festa l'alcol a un certo punto finisce, il cibo a un certo punto finisce, lo spazio a un certo punto è insufficiente – e quasi mai succede il contrario. Anche l'autogrill, anche quelli piú grandi – cioè i ponti sull'autostrada, ponti sui quali si può prendere al self-service il proprio vassoio e sedersi accanto ai vetri e guardare giú le centinaia di auto che sfrecciano sotto di te, un punto di vista sul mondo sempre cosí incomprensibilmente affascinante; anche gli autogrill piú grandi in giornate come queste sono insufficienti, ci si accalca l'uno sull'altro, al banco del caffè bisogna aspettare a lungo il proprio turno e qualche volta si rinuncia al panino Fattoria perché bisogna fare file troppo lunghe: alla cassa, al banco, e in attesa del grill.

I bagni no. I bagni degli autogrill sono sempre piú che sufficienti per tutti. Sono tutti abbastanza enormi, e anche se si va a pisciare tutti insieme c'è sempre almeno un posto nella fila dei pisciatoi, ci sono un bagno libero e un lavabo libero davanti al quale stare dieci minuti a cercare di capire come far uscire l'acqua, facendo movimenti strani tipo passare la mano piú volte in corrispondenza di qualcosa che sembra un sensore, oppure allungare il piede sotto in cerca di un pedale. È stato previsto tutto, e sopra ogni cosa lo spazio sufficiente per tutti anche nelle giornate di massima affluenza. E anche qui la promiscuità è leggera, poco tesa, in special modo in questi giorni, quando quelli che pisciano sono vacanzieri che hanno piú propensione dei lavoratori in viaggio a fischiettare, e meno propensione a sbirciare la lunghezza del cazzo del vicino, confrontandola con quella del proprio.

I segni di riconoscimento dei bagni degli autogrill sono due: il primo, il piú sofisticato ma anche quello che in qualche modo mi ha commosso rivedendolo, è quel triangolo giallo, piantato al centro del pavimento davanti ai bagni, che dice «pavimento scivoloso», e lo dice a prescindere dal fatto che il pavimento sia scivoloso o meno. In realtà, dovrebbero metterlo ogni volta che lavano il pavimento, e all'inizio, per un certo periodo sarà stato di sicuro cosí, esattamente come all'inizio, quando si compra la moto, si mette con diligenza la catena, o il bloccadisco, o tutti e due, sia quando si torna a casa la sera, sia quando ci si ferma a fare la spesa, si passa un sacco di tempo accovacciati accanto alla propria moto lucida e fiammante, e quando arriva il pensiero: «Che palle!», lo si scaccia con violenza, basta guardare la moto nuova e subito si comprende che quella fatica è necessaria, è un atto d'amore verso la propria moto, ed è tanto necessaria che non la si sente come una vera fatica, ma come una dimostrazione d'amore per le cose che ci appartengono. Poi succede che un giorno, poiché si deve entrare in un negozio solo cinque minuti, si dice a se stessi: «Vabbè, per cinque minuti non la chiudo la moto», e si dice a se stessi che è solo per questa volta e solo perché si tratta davvero di cinque minuti, ma intanto che si fa questa scelta si evita di dare uno sguardo alla moto che non è piú fiammante né piú pulita come i primi giorni, e soprattutto non è piú *nuova* nella nostra mente. Quel gesto è la linea di demarcazione: da quel momento in poi, la sera si può anche tornare e fare l'intera operazione, mettere la catena e mettere il bloccadisco inginocchiati accanto alla moto, ma è un'operazione malinconica perché è l'inizio della fine, comincia la fase di decadenza dei piccoli sistemi antifurto, lo metto solo la notte ma di giorno nel parcheggio accanto a dove lavoro figuriamoci – e finisce che un giorno la catena e il bloccadisco vengano messi sotto la sella come tutti gli altri giorni, ma d'ora in poi rimarranno lí, giaceranno per sempre sotto la sella, arrugginendosi e invecchiando.

Cosí il triangolo giallo, ma con un sentimento diverso. Coloro che lavano il pavimento si sono stancati di metterlo e toglierlo cosí come ci siamo stancati noi di mettere e togliere la catena o aprire e chiudere i divani letto. Ma l'effetto di tutto ciò, qui, è assolutamente positivo, perché in fondo non ci sono controindicazioni e, anzi, avvertire che il pavimento è scivoloso equivale a chiedere di stare attenti; e allora hanno ragione: vale sempre.

Il secondo segno di riconoscimento è il responsabile di quel triangolo: la signora che sta seduta a una specie di scrivania in mezzo ai due bagni, quello degli uomini e delle donne, di solito legge una rivista e ha sulla scrivania nient'altro che un piattino. Ogni volta che esci dal bagno ti dice: «Grazie». Che se tu non hai imparato cosa vuol dire, vorresti rispondere: «E di cosa? Ho fatto solo pipí, anzi dovrei ringraziare io lei che tiene il bagno aperto per farmi fare pipí...»; e infatti. Devi ringraziarla. E il tuo segno di ringraziamento è infilare la mano in tasca e prendere una moneta, e depositarla nel piattino.

Quanti autogrill ci sono in Italia? In tutti, dal migliore al peggiore, c'è una signora o signorina seduta con un piattino davanti – e chissà se «Il Sole 24 ore» una volta stilerà una classifica della signora migliore e della signora peggiore. Ma la questione piú antica (e filosofica) è un'altra, è una domanda che ci facciamo da anni e ci torna in mente ogni volta che torniamo in un autogrill e corriamo nel bagno degli uomini o delle donne e poi usciamo e sentiamo qualcuno che ci urla dietro: «Grazie!»

La questione è: la moneta bisogna dargliela oppure no? O piú precisamente: perché bisogna dargliela? È un dilemma mai risolto; va bene, loro stanno lí e tengono puliti i bagni, e la maggior parte delle volte i bagni sono davvero puliti e alle volte hanno appena lavato per terra ed è bagnato e c'è il cartello che dice: «attenzione, pavimento scivoloso», e poi il cartello c'è sempre perché in fondo fare sempre attenzione va sempre bene; ma perché dobbiamo ringraziarle perché i bagni sono puliti? Non è il loro lavoro? Questo è stato sempre il problema delle mance. In fondo, il cameriere che ti serve al tavolo al ristorante è pagato per farlo, eppure la questione della mancia rimane aperta anche lí. Ed è come se fosse: è vero, in genere io servo ai tavoli, ma per il modo in cui ho servito te, in cui sono stato attento a te, tu mi dai qualche moneta in piú solo per me. Cosí come succede col tassista: in generale accompagna la gente a destinazione, ma con te cerca di essere veloce se vai di fretta, di fare la scorciatoia, di non lasciarti dove dovrebbe ma di fare uno strappo alla regola; sia chiaro: in questo gioco, il cliente sa che tutto ciò è vero o falso allo stesso modo, non importa, cosí come sa che questo comportamento speciale lo attua con tutti, per davvero o facendo finta di fare di piú, in realtà non facendo altro che il proprio dovere. E a quel punto viene fuori la questione della mancia, il rapporto che si ha con essa. C'è a chi non piace e a chi piace dare la mancia; chi lo ritiene necessario per dare qualcosa di piú a chi fa un lavoro faticoso, e chi davvero premia chi lo serve con gentilezza (e infatti non lascia mance se non ha sentito questa specialità); c'è chi non le dà per principio, perché trova che sia una pessima abitudine, un ricatto demagogico; e c'è anche chi si vergogna di lasciare soldi a una persona casomai piú anziana, gli sembra un atto di superbia che non riesce a fare (e la persona anziana tra sé e sé gli dice vaffanculo).

Il problema però in autogrill non è questo. Il problema in autogrill è l'istituzionalizzazione della mancia. Quando vai a fare pipí, la signora non sta lí per te, non sta pulendo il bagno per te e nemmeno per tutti gli altri – lo ha già fatto o lo farà piú tardi. La signora sta seduta lí con un piatto davanti dove accogliere le monete e la sua unica funzione, il suo lavoro in questo momento, è dirti grazie quando esci dal bagno per ricordarti che devi lasciare la mancia. In teoria, per paradosso, chi pulisce i bagni e chi ha il piattino davanti potrebbero anche essere due persone diverse. Perché lei, ora, è lí come un casellante dell'autostrada o un doganiere, ti ferma e ti dice grazie, e poiché siamo nella Comunità europea tu potresti anche varcare la frontiera senza mostrare il documento, ma se te lo chiedono, tu lo mostri. E cosí è qui.

Quindi, il dubbio che suscita la signora, mai del tutto dissipato, è che lei non è pagata da nessun altro che da noi. Eppure ha un camice dell'autogrill, ha orari da autogrill, com'è possibile che non venga pagata? Se è pagata, com'è molto piú probabile, per pulire i bagni, perché ognuno di noi che fa pipí sente una soggezione psicologica e sente di doverle lasciare una moneta per ringraziarla della pipí fatta in un luogo decente? E come succede sempre in questi casi, sia che lasci la mancia sia che non la lasci, ti rimane il dubbio di aver fatto la cosa giusta. Certo, uno può comunque dire che lasciare una moneta è sempre la cosa giusta, e infatti è quello che spesso faccio io quando vado a fare la pipí in autogrill. Ma se devo dire che il fatto che ci sia una lí seduta che mi dice grazie come per dire: «Se non mi lasci la moneta sei un uomo di merda», ecco, non è che mi piaccia tantissimo. La soggezione psicologica che provoca non vorrei provarla mai, tantomeno nei bagni degli autogrill.

Il risultato di questa mattinata lunghissima passata all'autogrill è abbastanza sorprendente: l'autogrill di Teano Est, cioè il peggiore autogrill d'Italia, ha destato in me un'impressione ottima. Per gli spazi, la quantità di roba, la pulizia dei bagni e tutto il resto. Quindi sono molto curioso di andare a vedere quanto e in cosa l'autogrill che sta di fronte a me, adesso, dall'altra parte della carreggiata, sia infinitamente migliore di questo, e in varia misura migliore di tutti gli autogrill d'Italia, dal primo all'ultimo.

Quello che mi capita al casello di Caianello, quando esco e poi rientro, non ve lo racconto, perché è la stessa cosa che mi capita quando uscirò dall'autostrada definitivamente (almeno per oggi). E quindi è bene lasciarlo alla fine. Intanto, nel passare da *verso nord* a *verso sud*, mi rendo conto che il traffico è cresciuto in modo sostanzioso, e per fortuna io devo percorrere soltanto altri cinque o sei chilometri.

Appena arrivato a Teano Ovest, un lavatore di vetri ambulante, figura piuttosto insolita sull'autostrada, tenta di lavarmi il vetro nel parcheggio dell'area di servizio. E appena fuori l'autogrill, c'è un signore con un banchetto che fa il gioco delle tre campanelle (una variante delle tre carte): ci sono tre campanelle e una pallina, il signore mischia le campanelle mostrando ogni tanto dov'è la pallina e alla fine bisogna indovinare sotto quale campanella è finita la pallina. Sembra di essere nella casbah, che come biglietto di presentazione del migliore autogrill d'Italia non è il massimo, a meno che i ricercatori escludano l'area esterna, oppure la includano ma ritengano il venditore ambulante e il truffatore degli elementi folkloristici che fanno punteggio. Del resto, gli autogrill hanno questa caratteristica regionale, e se sei in Emilia puoi mangiare i tortellini, se sei in Campania puoi mangiare le mozzarelle (e giocare alle tre campanelle e vederti sottrarre centinaia di euro). Mi sono fermato apposta al banchetto. Erano quattro o cinque intorno al giocatore e hanno inscenato una farsa patetica e molto piú veloce del solito (qui bisogna far presto, la gente ha fretta, se ne va subito, quindi il trucco bisogna velocizzarlo e cosí diventa palese) per incastrarmi. La cosa notevole è che quello che mi doveva abbordare (è un complice che finge di essere un avventore e vince sempre, in modo che io venga attirato dalla sua furbizia e cominci a puntare insieme a lui) mi ha abbordato dicendo che si sa com'è questo gioco, l'hanno fatto vedere alle *Iene* e a *Striscia la notizia* il trucco, e che quello stamattina ha vinto con uno cinquecento euro e con un altro mille. In poche frasi, ha cercato cosí di capire se avevo visto *Le iene* o *Striscia la notizia*, è stato complice con me contro di loro e ha subito dopo puntato cinquanta euro per comunicarmi che se lui ha visto *Le iene* e conosce il trucco evidentemente saprà pure dove e come puntare. La fretta rende tutto questo dilettantesco, perché la campanella dove lui ha puntato cinquanta euro ha sotto la pallina, ma era evidente, l'hanno fatto in modo davvero elementare e lui mi ha chiesto di tenergli ferma la campanella mentre prendeva i soldi, e non so se farlo avrebbe significato soltanto un attestato di complicità da cui poi sarebbe stato difficile sciogliermi, o addirittura un trucco per dire poi che ero stato io a puntare – e questo sarebbe davvero troppo, troppo dilettantesco. Io, comunque, che conosco la situazione e so che si può mostrare la propria sapienza fino a un certo punto (poi, se lo capiscono ti mandano via in qualsiasi modo), ho detto bartlebianamente che preferivo di no e me ne sono andato; lui ovviamente ha vinto e mentre me ne andavo sia lui sia gli altri mi hanno chiamato disperati. Non credo che facciano tantissimi affari.

Apro la porta d'ingresso. All'esterno, a dire la verità, mi ero chiesto se non fosse un po' piccolo l'edificio, rispetto all'autogrill di fronte. Ma ho pensato che di sicuro non sarebbe stato decisivo. Quando sono dentro, mi rendo conto che avevo pensato la cosa giusta.

Ovviamente, la maggior parte delle cose che ci sono nell'altro si possono trovare anche qui. Ma non tutte, perché questo autogrill è davvero piú piccolo, ma molto piú piccolo, sembra un bar qualsiasi di una città: è un posto quadrato, cassa accanto alla porta e bancone del bar di fronte. In mezzo, alcune ceste che contengono la roba degli autogrill, o almeno tutta quella che riescono a metterci; ai lati, frigoriferi che forse sono uguali all'altro, ma messi cosí sembrano la sezione di un supermercato.

Insomma, non voglio farla lunga. Sono andato anche nei bagni, che qui sono all'esterno. Che sono molto, ma molto piú sporchi dell'altro. Non voglio farla lunga, stavolta, anche perché descriverei un autogrill identico a quello dall'altra parte della strada, solo molto piú piccolo. E non soltanto. Il risultato è molto semplice, e può essere solo parzialmente condizionato dalla casualità della giornata, ma cosí parzialmente che direi sia ininfluente, anche perché il risultato è straevidente.

Il migliore autogrill d'Italia è nettamente, nettamente, nettamente peggiore del peggior autogrill d'Italia.

Tanto che c'è una sola spiegazione: ho letto male. O hanno sbagliato a trascrivere i dati. Volevano dire il contrario, volevano dire che è questo il peggiore ed è quello il migliore. Direi che non c'è alcun dubbio. E non c'è altro da dire. Perché mangio il mio panino Fattoria, che avevo cosí tanto desiderato, e la mia Coca-Cola acquosa, che avevo cosí tanto desiderato, in piedi e schiacciato in un angolo da un'enorme quantità di gente che continua a entrare perché il traffico sta aumentando in modo sempre piú pressante ed è ora di pranzo e tutti si fermano, e in piú forse si fermano qui perché sanno che è il migliore autogrill d'Italia, chissà cosa credono di trovare; cerco di capire se le loro facce sono deluse, vorrei dire loro che forse quelli del «Sole 24 ore» si sono sbagliati, che probabilmente, molto probabilmente l'autogrill migliore è quell'altro, lo vedete?, quello di fronte – e vorrei anche dire loro che il panino Fattoria, qui come nell'altro, e come in qualsiasi altro, ha sempre lo stesso sapore, buono, ma è esattamente lo stesso, e quindi non si devono aspettare chissà quale Fattoria, e quindi non è il Fattoria che rientra negli elementi di giudizio dei ricercatori del «Sole 24 ore», che hanno ponderato ogni minuscolo valore per stilare la propria tabella. E anche la Coca-Cola acquosa è la Coca-Cola acquosa di tutti gli autogrill, quindi anche su questo non c'è da farci nulla. E inoltre, non riesco a stare cosí tanto tempo qui quanto nell'altro, perché lo spazio è minuscolo e non so dove mettermi, mi aggiro ma dopo che mi sono aggirato per un po' capisco che è meglio che me ne vada, perché non c'è altro da capire e per un altro motivo che qui è ancora piú evidente che nell'altro autogrill: mi stanno guardando con insistenza, sospettosi, specialmente il barista. Dopo un po', mi era capitato anche di là. Quindi, me ne vado.

Quando sono fuori, respiro; vedo che la banda delle campanelle ha accalappiato una signora e lei, con grande complicità con il tipo che aveva tentato di accalappiare me, sta tirando fuori cinquanta euro che punterà dove punterà il tipo che questa volta, dopo che ha vinto tante volte, perderà, guarda caso – e se si fosse stati in un'altra situazione, invece, avrebbe vinto la prima volta e forse anche la seconda, e la signora avrebbe acquistato cosí tanta fiducia che poi avrebbe perso una gigantesca quantità di soldi. Ma qui bisogna far presto, e cinquanta euro sono buoni per loro e sufficienti alla signora la quale, molto delusa dal tipo che è andato a sbagliare proprio la volta in cui giocava insieme a lei, decide che può bastare.

Direi che oggi può bastare anche per me. Entro in macchina e mi accingo a fare l'ultima cosa che occorre: mettere la benzina, che poi è il motivo primordiale e quasi dimenticato per cui esistono le aree di servizio. Quando mi avvicino al distributore, mi trovo di fronte al solito problema filosofico: «servito» o «non servito». Ma se tante volte ho dubbi, qui non ne ho neanche uno: «servito». E non ho dubbi proprio dal punto di vista filosofico. Perché scegliere di essere servito dal benzinaio, con il piccolo sacrificio di pagare qualcosa in piú, coniuga alla perfezione le due parti di me (di noi) che non si incontrano mai, che anzi di solito si scontrano – e questo momento, in un distributore di benzina sull'autostrada, è uno dei pochissimi momenti nella vita in cui si armonizzano: sono colui che vorrebbe essere utile all'umanità ed è quindi consapevole che la sottomissione all'autogestione toglie possibilità di lavoro ai benzinai – mentre io, con l'atto di farmi servire, tengo in vita il loro lavoro, il loro stipendio, la loro tradizione e quasi mi verrebbe da dire il loro artigianato; e contemporaneamente sono colui che tutto ciò che desidera dalla vita è essere servito perché non ha voglia di fare niente, è la mia natura o il mio desiderio inconscio.

Tirando fuori dei soldi in piú, posso sia sentirmi utile all'umanità sia soddisfare il mio piú bieco egoismo, e le due cose non sono in contraddizione ma in piena armonia. Dunque, quando vado a fare benzina e scelgo «servito» mi sento felice; anzi, piú che felice, *risolto*.

Quando torno in autostrada, il traffico si è fatto pesante: si avanza piano e ogni tanto ci si ferma. La corrispondenza tra quello che sto vivendo e quello che dice Isoradio adesso è perfetta, quando parla di code e traffico intenso parla anche di me. Ma alla fine, con pazienza e alcuni momenti di impazienza, arrivo al casello. E mi capita di nuovo quello che mi era capitato al casello di Caianello, all'ora di pranzo. Mi fermo accanto alla colonnina Viacard, inserisco il biglietto e il display dice: «Tempo di percorrenza troppo lungo». Non accetta il pagamento. Tutt'e due le volte, alla fine, ho dovuto premere il pulsante di aiuto ed è arrivato un signore al quale, un po' per giustificarmi, ho spiegato che ero stato tanto tempo perché..., ma a lui non sembrava fregare granché. Mi ha fatto pagare e ha risolto il problema.

A me però è rimasto un dubbio. Visto che attraverso il biglietto d'ingresso e il timbro di uscita sanno quanto tempo stiamo all'interno dell'autostrada, mi è venuto da pensare che forse potrebbero usare questa rilevazione per il contrario, perché al limite – non vorrei rompere le scatole a nessuno – però al limite la questione è percorrere l'autostrada in un tempo troppo breve, non troppo lungo. Quindi se mettono un tempo di percorrenza minimo riguardo alla velocità massima consentita per legge, potrebbero scrivere sul display «tempo di percorrenza troppo breve». Lo so, voi direte: ma uno corre lo stesso a trecento all'ora e poi quel tempo lo recupera (piú esattamente, lo perde) facendo una sosta all'autogrill; certo, ma al limite sarebbe allora una buona idea per far crescere i guadagni degli autogrill, e poi comunque se uno deve percorrere il tratto in un tempo minimo, finisce per non avere nessuna ragione di correre. A dire la verità, sono contento di me stesso: mi sembra di aver fatto un ragionamento perfetto e di aver trovato la soluzione al problema della velocità in

Italia. C'è solo il trascurabile particolare che, se a qualcuno venisse in mente di applicare la mia idea, mi ritirerebbero immediatamente la patente, visto che sono il primo che non rispetta i limiti di velocità.

Ma la cosa piú importante del «tempo di percorrenza troppo lungo», che la colonnina Viacard ha rilevato con puntualità e che ho sentito addosso per tutto il tempo in cui sono stato nei due autogrill, è che non è previsto che una persona rimanga in un autogrill tanto tempo, aggirandosi tra i banconi, prendendo qualche appunto su un taccuino, ordinando un secondo cappuccino dopo il primo; non andando via, continuando a rimanere lí, vedendo entrare e uscire la gente.

Stare tanto tempo in autogrill è innaturale. Nessuno lo fa e di tutti quelli che vedi entrare e poi uscire puoi fare descrizioni fuggevoli, puoi cogliere un sentimento generale, un gesto come quello del bambino aggrappato alle mie gambe, un brandello di conversazione sul traffico, ma non di piú, perché tutti passano, passano e non si fermano. Stare qui tanto tempo significa vedere tutto, avere a che fare con tutta l'umanità, ma soprattutto: con nessuno in particolare. Anzi, la fretta, la rapidità, la fuggevolezza sono le caratteristiche dell'autogrill (probabilmente si sono detti prima di scendere: massimo un quarto d'ora, il tempo di una pipí, non perdiamo tempo sennò arriviamo tardi eccetera). Un esempio di come gli autogrill siano predisposti a questa precarietà sono i tavolini alti dove si mangia in piedi. Davanti al bancone ci sono dei tavolini dove poter mettere la pizza e la Coca-Cola, il cappuccino e il cornetto, e mangiarli in piedi come qualcuno che mangia ma intanto dice a se stesso e agli altri: appena finisco me ne vado, dobbiamo ripartire, dobbiamo arrivare prima di sera.

Ognuno di coloro che ho incontrato e osservato, che hanno mangiato panini Fattoria o fatto colazione o comprato i giornali o comprato tobleroni, o che sono stati tentati dal comprare il pezzo di mortadella esposto con cura, è stato in autogrill al massimo venti minuti. Mentre loro si muovevano, io me ne stavo lí, fermo, a osservarli. E sia nel primo sia nel secondo autogrill, dopo venti minuti, ho sentito addosso lo sguardo curioso, poi indagatore, poi sospettoso e infine decisamente preoccupato di baristi, cassieri, commessi e chiunque altro lavorasse in autogrill. Tutti, da un certo punto in poi, hanno cominciato a rispondere con aria distratta ai clienti e a tenermi sotto controllo, sempre piú preoccupati (il barista dell'autogrill a cinque stelle da un certo punto in poi non mi ha piú tolto gli occhi di dosso).

Nessuno si ferma in autogrill. Nessuno se ne sta lí ore, guarda la gente, ascolta ciò che dicono, tira fuori un taccuino e prende appunti. Cosí, ho capito. Ho capito cosa stavano pensando di me: per la prima volta, mi sono sentito un terrorista. Non ero io che mi sentivo cosí, erano loro che mi facevano sentire cosí, in modo inequivocabile, ma non fa differenza. Io ero un terrorista che studiava movimenti, orari e flussi per capire quando, dove e come piazzare la bomba. Voi non avete un'idea precisa di quello che sto dicendo, perché nessuno ha mai sospettato che voi siate un terrorista in modo cosí netto e impaurito. Ma vi assicuro che quando vi capita com'è capitato a me, ve ne rendete conto a tal punto che siete vicinissimi a urlare all'improvviso «non sono un terrorista!» in mezzo all'autogrill allo stesso modo di come sono pronti tutti i baristi a dire, al minimo movimento piú veloce, «fermatelo, è un terrorista!» Ma c'è sempre un limite del pudore che né io né loro siamo riusciti a oltrepassare, anche se lo abbiamo sfiorato molte volte. La mia reazione è stata quella di fare tutto ciò che facevo in modo piú evidente, piú sfacciato, piú visibile. Prendevo appunti davanti a tutti e con espressione curiosa e concentrata, come per dire che stavo facendo una cosa per nulla segreta, ma in modo del tutto evidente. Volevo comunicare che forse erano molto ingenui a pensare che io mi comportassi da terrorista in modo cosí palese, mentre un terrorista farebbe forse davvero tutto ciò che stavo facendo io, ma dando molto meno nell'occhio mentre prende appunti sulla strage che ha in mente di fare.

Ho la netta impressione di non essere riuscito a comunicare questo ragionamento con i miei gesti palesi, e ho il sospetto, da allora, di essere seguito e spiato da qualcuno. In modo non palese.

Una tonnellata di equivoci

Il 26 dicembre è il giorno in cui i cinema italiani fanno il maggiore incasso di tutto l'anno. Roma è la città dove il rituale del 26 dicembre si svolge con esattezza matematica ogni anno. La multisala Adriano, che sta in piazza Cavour, forse è il cinema dove si fa il maggiore incasso di tutta la città, ma di sicuro è il cinema dove *bisogna* vedere i film di Natale. Il film di Natale per eccellenza, e cioè anche quello che fa il maggiore incasso, è prodotto ogni anno da Aurelio De Laurentiis: la serie delle vacanze di Natale. Questa volta il titolo è *Natale a Miami*.

Di conseguenza, io vado al cinema Adriano il 26 dicembre a vedere *Natale a Miami*.

Scelgo lo spettacolo delle 18 e 45, in cui c'è il pubblico piú vario, dai bambini alle persone anziane. Prenoto il biglietto via internet alcuni giorni prima per timore di fallire l'obiettivo, e faccio bene perché quando arrivo alla biglietteria dell'Adriano alle cinque e un quarto, cioè un'ora e mezza prima dello spettacolo, i posti in sala disponibili sono trenta e quando tocca a me, cinque minuti dopo, sono già diventati undici. Ma io ho prenotato: detto alla signorina il mio codice di prenotazione e lei mi dà il biglietto con il numero di posto H18.

Per quel che ne so, potrebbe essere un Santo Stefano qualsiasi di un Natale qualsiasi, da vent'anni a questa parte. Perché i film di Natale sono fatti, dicono, in forma seriale e

ripetitiva e nella forma commerciale piú semplice: ogni affe-
zionato trova quello che s'aspettava di trovare. Gli ingredienti fondamentali sono gli stessi, cambia soltanto l'elemento
di attualità, diverso di anno in anno proprio per ribilanciare il presente con l'iterativo e ottenere sempre lo stesso sapore. Dico: per quel che ne so, perché non ho mai visto un
film di Natale di questa serie. Cioè: sono uno che ha sempre
amato il cinema, che ha visto e vede di tutto fra cinema, televisione, dvd, canali satellitari eccetera, ho visto anche un
gran numero di altri film di Natale, di commedie piú o meno
leggere di comici in quel momento famosi – insomma, non
vedo soltanto cinema d'autore, vedo *di tutto*, eppure questa
roba di Natale in India, in Egitto, a New York o a Miami
non è mai stata presa lontanamente in considerazione dallo
spettatore onnivoro che pure sono. Conosco un gran numero
di persone che vi direbbero quello che sto dicendo io, anzi,
posso dire con un margine di errore minimo o nullo che tra
tutte le persone che frequento, la possibilità che una di loro
veda *Natale a Miami* è pari a zero. Cito soltanto, per darvi
un'idea, cosa ha detto un mio amico quando gli ho confida-
to dove sarei andato il 26 dicembre, spiegandogli che stavo
scrivendo un libro: «Ah, ecco, ci vai per questo, *altrimenti
avrei dovuto rivedere tutto quello che ho pensato di te finora*».
L'ha detto come per fare una battuta, per essere spiritoso,
ma in sostanza l'ha detto molto seriamente e il tono allegro
era solo la conseguenza del sollievo che aveva provato dopo
le mie spiegazioni. Cioè, se fossi andato a vedere *Natale a
Miami* senza un motivo professionale, solo per andare a vedere *Natale a Miami*, questo mio amico avrebbe riconsiderato un sacco di cose che pensava su di me, dalla stima fino ad
arrivare forse all'affetto. Questo secondo me può bastare a
raccontare cos'è la serie dei film di Natale: *un altro mondo*.
È la verità. Potrei dire che forse è il punto piú lontano dal
mio, di tutte le cose che posso fare.
    Per spiegarmi ancora meglio, faccio un esempio piú concre-
to, statistico: quando vado al cinema, è quasi matematico che

incontri qualcuno che conosco. Questo può non succedere se vado al primo spettacolo e siamo sette persone in sala (e qualche volta succede anche che conosca una delle altre sei). Ma negli altri casi, soprattutto se vado nei cinema dove vado di solito – il Quattro Fontane, il Nuovo Sacher, il Greenwich, il Savoy, il Barberini eccetera, insomma nei cinema dove fanno i film che vedo io e vede per esempio questo mio amico che avrebbe riconsiderato il suo rapporto con me –, è molto probabile che incontri qualcuno che conosco. Molto, molto probabile, quasi matematico. Amici, amici di amici, gente incontrata per lavoro o a una cena, o ex fidanzati di amici o ex amici di fidanzati o persone conosciute per qualsiasi altro motivo. Qui, oggi, ho fatto una scommessa con me stesso: ho scommesso che non avrei incontrato nessuna persona che conosco. E questo succede mentre nelle altre sale danno *King Kong* oppure una commedia con Richard Gere, il film di Pieraccioni e un paio di film per bambini. Ma ho vinto la scommessa: non solo in sala, ma nemmeno nell'intero cinema Adriano, immenso e strapieno di gente, dopo averci passato un po' di ore, ho incontrato una sola persona che conoscessi, anche di vista. Capite cosa voglio dire: *un altro mondo*. E sia chiaro: sono venuto altre volte al cinema Adriano, e ho incontrato persone che conoscevo. Oggi, 26 dicembre, no.

Oggi è il giorno in cui tutti vanno al cinema; quindi, quelli che ci vanno sempre, non ci vanno.

È presto e devo aspettare. Ci sono davvero un sacco di persone, la cui occupazione principale è mettersi in gruppo al centro della sala, dove ci sono orari e film in programmazione, e scegliere cos'altro vedere: perché quasi tutti – se non sono stati previdenti come me – non hanno fatto in tempo ad acquistare il biglietto per il film che volevano vedere, la sala è già piena o ci sono soltanto le prime due file (quelle dei posti rimasti liberi anche per il mio film) dove è difficile che si accetti di stare. Ma non ce n'è uno che sembri intristito o almeno un po' scoraggiato, perché il cinema ha questa caratteristica che adoro: è un posto dove andare senza farsi troppi problemi; del resto, tutti sanno che oggi 26 dicembre tutti vanno al cinema, ma nessuno si preoccupa e vanno anche loro nel modo in cui ci vanno sempre, arrivano dieci minuti prima e vogliono entrare. La signorina della cassa mi ha spiegato che la maggior parte dei posti occupati un'ora e mezza prima dello spettacolo sono di persone arrivate dieci minuti prima dello spettacolo precedente, le quali hanno trovato tutto occupato e hanno fatto la scelta di non cambiare film ma di prendere i biglietti per lo spettacolo successivo. Intorno a me, invece, ci sono quelli che non hanno intenzione di aspettare lo spettacolo successivo e semplicemente vedranno un altro film: c'è un enorme consulto diviso in tanti piccoli consulti tra quelli che hanno già visto uno degli altri film, che non vogliono vedere uno degli altri film, che non possono aspettare un film scelto da tutti gli altri perché poi si fa troppo tardi, che non sanno com'è quell'altro... Il gruppo di tre coppie, che seguo facendo finta di rileggere gli orari cento volte, alla fine decide per Pieraccioni e sembrano tutti moderatamente soddisfatti.

Lo confesso, non capisco quelli che parlano male delle multisale: a me sembra fantastico entrare in un posto dove ci sono undici film in programmazione, e quello che sto vedendo è uno degli aspetti migliori; se si arriva tardi o se non c'è posto, si può vedere un altro film e scegliere fra tanti. Questa libertà che hanno tutti nei confronti del cinema mi piace e la invidio come invidio le persone che fino a un quarto d'ora prima che parta il loro treno se ne stanno ancora a casa, senz'ansia, a decidere se è il caso di portarsi l'accappatoio o no. Io non sono cosí: sono già alla stazione almeno tre quarti d'ora prima della partenza e al cinema almeno mezzora prima, mentre immagino tutti i motivi per cui le strade possano essere bloccate e i cinema strapieni – non oggi che lo sono veramente, ma anche un lunedí pomeriggio di fine giugno per un film dei fratelli Dardenne. E oggi, nonostante avessi prenotato il biglietto, sono qui da un'ora e mezza perché è un giorno cosí incasinato e avevo paura che potessero sorgere problemi di qualsiasi genere. Quindi, guardo il gruppo che ha dirottato la sua serata su Pieraccioni e vorrei dire accoglietemi tra voi, aspettate solo che mi faccia un'operazione chirurgica che estirpi da me il gene dell'ansia e sono da voi, felice lo stesso se entriamo o non entriamo, se andiamo a vedere un film o un altro, se c'è traffico oppure no, se prendo il treno o non lo prendo...

Comunque, visto che bisogna aspettare, mangio un hot dog con senape e bevo una Coca-Cola acquosa; le ragazze al banco sono veloci e molto simpatiche, allegre, come se fossero felici di lavorare, una cosa che fa sempre una grande impressione (diciamo che sono il corrispettivo di Pippo Baudo quando conduce *Domenica in* – tanto che alla fine uno pensa che sarebbe un mondo meraviglioso se tutti facessero il proprio lavoro con convinzione e allegria...) Poi due ragazze vestite da streghe ma in modo sobrio – nel senso che la prima ha uno di quei cappelli con le falde lunghe e ondulate tipico delle streghe su un vestito nero, e la seconda si è portata da casa un vestito celeste e in testa ha una parrucca celeste e bianca – distribuiscono gratuitamente un prodotto pubblicizzato su un enorme cartellone che dice: «L'incredibile piumino catturapolvere SWIFFER DUSTERS. Sconfigge la polvere ovunque». Per un po' le guardo e vedo che lo distribuiscono davvero a tutti ma a me no, allora mi metto davanti al cartellone a leggere con enorme interesse, come se ci fosse qualche interpretazione da dare al fatto che un piumino pulisca *ovunque* (in effetti, a furia di pensare, giungo alla conclusione che qualche interpretazione ci sarebbe), fino a quando la ragazza dai capelli celesti non può fare a meno di avvicinarsi e consegnarmi uno Swiffer Dusters spiegandomi come si usa e facendomi vedere che il piumino dopo l'uso si sfila e si butta, e al supermercato vendono le ricariche da dieci. Quasi tutti quelli che si aggirano qui intorno hanno (abbiamo, ora...) la bustina arancione con dentro lo Swiffer, e vedo due coppie in due momenti diversi che compiono un'azione identica: si dividono apposta per prenderne due e poi si ricongiungono con un sorriso furbo, perdonabili per il fatto che nei giorni di Natale la gente è allegra e ama essere furba, imperdonabili per il fatto che sempre quando qualcosa è gratuito ci si trasforma in umanità avida della quantità. Secondo me, due Swiffer sono in fondo esagerati – anche se è tutto da verificare (e da interpretare). Ma avranno anche già in mente a chi eventualmente regalare il secondo. Mi aggiro per il cinema con il mio Swiffer Dusters e osservo da fuori (non posso entrare) «Ludoland», dove dei bambini si scatenano uno addosso all'altro in quei giochi fatti apposta per non far male e che per questo motivo scatenano i bambini che si lanciano e si scontrano in modi pericolosissimi (e si fanno male). Di fronte (qui posso entrare) c'è la sala delle PlayStation dove una gran quantità di gente sta sparando in modo convulso e ripetuto a chiunque entri da destra o da sinistra o dall'alto dello schermo, chiunque, e una quantità ancora maggiore di gente sta lí a guardare compiaciuta e trattenendo a stento una qualsiasi forma di tifo, proprio allo stesso modo di quando, invece di essere fuori dalla sala cinematografica, è dentro e parteggia per il proprio eroe. Poi cerco un bagno per andare a fare pipí e scopro che ce n'è solo uno che non sia nelle sale, al piano terra; c'è una fila lunghissima, che decido di fare, cosí dopo non mi perderò nulla.

Alla fine, risalgo le scale mobili e guardo da sopra tutto il cinema Adriano, e mi rendo conto che davvero c'è tantissima gente, anche lí fuori c'è gente che è uscita o gente che aspetta di entrare e gente che ha il collo allungato in direzione dell'orizzonte perché aspetta qualcuno che non è ancora arrivato e comincia a diventare probabile che non ce la faccia in tempo per lo spettacolo pattuito – ma se succede, non c'è problema, nessuno si scoraggerà, si diranno scusa e non ti preoccupare, e si metteranno qui al centro della sala a guardare film e sale e orari, e sceglieranno un altro film. Mi ritrovo tra la gente che è davanti al nastro che chiude il passaggio per la sala 4 (la nostra sala): dalle chiacchiere viene fuori soprattutto che c'è un certo dispiacere per la divisione della coppia Boldi-De Sica e la maggior parte taccia Boldi di presunzione o ambizione eccessiva, in parole povere dicono che è andato fuori di testa. L'argomento appassiona molto e anche in questi giorni ne ho sentito parlare in televisione, e una volta ho visto anche Boldi e De Sica che spiegavano la separazione in tono conciliante, ma intanto raccontavano dettagliatamente le condizioni del contratto per cui per esempio entrano in scena per primi nel film un anno per uno – e quest'anno tocca a De Sica. La questione è la seguente: dopo vent'anni di sodalizio molto strano, nel senso che non sono poi una vera coppia ma in pratica dei conviventi nei film di Natale, perché sempre succede (dicono) che ci siano al massimo tre o quattro scene in cui sono insieme, Boldi non ha rinnovato il contratto con De Laurentiis, quindi i prossimi film avranno un sostituto. In qualche modo, quindi, questa è una data storica per la serie dei film di Natale, che non saranno piú gli stessi. *Natale a Miami* passerà in qualche modo alla storia, e la gente qui sembra rendersene conto.

Quando il nastro si apre entriamo con quell'andatura veloce che è una corsa trattenuta e che è un moto istintivo, perché non riesce a decadere nemmeno nell'era del posto prenotato: quando si apre una porta, si alza una sbarra, quando si dice che si può passare, l'istinto dell'umanità è quello di superare tutti gli altri e giungere per primi e avere questa soddisfazione anche se non porterà a nulla, come nell'era della prenotazione dei posti – uno dei ricordi piú nitidi della mia vita è una corsa senza fiato insieme ad alcuni amici nello stadio del baseball di Nettuno, dopo aver atteso ore davanti ai cancelli, e davanti a noi ancora molte altre ore prima che Stevie Wonder cominciasse il concerto. Ma il ricordo di noi quattro-cinque primi in assoluto a essere entrati, e quindi per un tempo brevissimo – una manciata di secondi – completamente soli nello stadio vuoto e con il palco lí davanti a noi, è indimenticabile.

La sala è enorme, il mio posto, è inutile nasconderlo, è la prima poltrona sulla destra al centro della sala. Posso di-

re senza tema di smentita, senza falsa modestia, che è il posto migliore di tutta la sala. Questo pensiero mi dà una certa soddisfazione se considero che sono qui nell'ora di punta
a vedere il film di maggiore incasso nella sala piú ambita di
Roma che è la capitale del cinema il 26 dicembre e cioè il
giorno di maggior incasso; e ho il posto migliore di tutti. La
soddisfazione, per fortuna, dura qualche secondo e non di
piú, poi mi rilasso e mi guardo intorno: la sala si riempie in
pochissimo tempo, un vociare continuo fa da colonna sonora
ininterrotta fino a quando non comparirà il logo Filmauro – e
quindi anche durante la pubblicità e i trailer.

Ci sono persone di tutti i tipi, dai bambini di otto anni ai
nonni che scendono le scale accompagnati da figli o nipoti. Ci
sono soprattutto gruppi di coppie (due, tre o quattro coppie)
di ogni età, e le donne sopra i cinquanta sembrano avere come segno distintivo la pelliccia; gruppi di amici adolescenti,
in particolare maschi; famiglie al completo, con nonni e senza, e soprattutto in numero di quattro, genitori e due figli,
di solito un adolescente e un bambino. Una famiglia che a
questo punto definirei tipica è anche del genere che si siede
accanto a me – da H17 ad H14: padre, madre, figlia adolescente e figlio bambino. La caratteristica dei miei vicini è che
tre su quattro (tranne la ragazza) sono molto grassi. Il piú
grasso è il padre, ed è seduto accanto a me e ansima mentre
spiega piú volte che l'anno scorso erano seduti là, in seconda
fila – «Vedi? Là» –, come per dimostrare che quest'anno ha
fatto qualcosa per evitare un'altra esperienza orribile (vedere Boldi e De Sica cosí da vicino e cosí enormi è in ogni caso
un'esperienza orribile). Secondo me ha prenotato il biglietto via internet come me, ma non voglio chiederglielo perché
ho paura che possa non averlo fatto, e di conseguenza so che
potrei ritrovarmi all'improvviso di fronte a una richiesta di
spiegazione su come si può prenotare via internet con qualcuno che non sa bene cosa sia internet, come funzioni, e che,
alla fine di una lunga e dettagliata relazione divulgativa da
parte mia, mi guarda e mi chiede se non è pericoloso perché

possono clonarti la carta di credito. Poi si spengono le luci e l'evento viene accolto con un lungo «ooooh» della sala che è una pausa del vociare costante.

Ci sono delle pubblicità, c'è il trailer della continuazione di *Eccezzziunale... veramente* con Diego Abatantuono molti anni dopo il primo, ma viene accolto con discreto calore dal pubblico in sala. Compare la scritta «Filmauro presenta» e poi dovrebbe essere cominciato il film; non essendoci ancora i titoli di testa potrebbe trattarsi di un prologo, e la cosa funzionerebbe visto che il film comincerebbe con la foto di Christian De Sica con quella che si presumerebbe essere sua moglie e la voce di una donna che sta spiegando a qualcuno che lo sta lasciando: «Sí, è vero, siamo stati felici, ma poi il tempo passa, nascono delle incomprensioni...»; quindi dovrebbe essere proprio l'inizio del film, anche perché Christian De Sica le chiede se è possibile che dopo quindici anni lei lo lasci per un altro, e le dice che se lei lo lascia lui fa una sciocchezza, e lei risponde sprezzante: «Ma figurati, tu non ce l'hai le palle!» – direi proprio che è l'inizio del film, ne sarei certo... se non fosse che Christian De Sica tiene in mano un telefonino.

In quel telefonino quella donna (la moglie) sta parlando in videocollegamento, ma non è questo il problema. Anzi, il videocollegamento è bello e nitido, il telefonino è fichissimo in sé... e ha una scritta «TIM» enorme; forse le scritte tim sono davvero cosí sui telefonini, ma devo dire che questa scritta risalta molto in un contesto dove una bella donna sta lasciando Christian De Sica. E poi, quando la donna riaggancia, appare una scritta ancora piú enorme sul display, «I.TIM», e forse le scritte i.tim sul display sono davvero cosí, ma qui, sul gigantesco schermo del cinema Adriano, la scritta è enorme, cosí enormi sono le scritte tim e i.tim che quando De Sica richiude il telefonino fichissimo, rimane a guardarlo a lungo e sia noi sia (secondo noi) lui, a questo punto, non lo guardiamo cosí a lungo perché stiamo ripensando al fatto che la moglie lo ha lasciato o che ha affermato che non ha le palle, ma (secondo noi) il suo pensiero è un altro e coincide col nostro, e nella sostanza in un linguaggio christiandesichiano il pensiero si potrebbe tradurre cosí: «Ammazza che ficata sto telefonino che me so' comprato! Come se vede bene e quanto è bello sto orologgio luminoso che ce sta sur display esterno, me pare no strumento daa Nasa!»

A questo punto la possibilità che non si tratti del film ma di una pubblicità dei telefonini sta per prendere il sopravvento sia conscio, sia inconscio, sia narrativo, quando si presenta davanti alle sinapsi neuronali la dimostrazione inconfutabile che bisognava ricordare: De Sica lo vediamo di continuo in televisione che fa appunto un sacco di pubblicità per la Tim interpretando un vigile romano. Ci sono episodi continui e il fatto che De Sica sia l'interprete del film ci ha fatto credere che siamo dentro il film – e chissà che non l'abbiano fatto apposta! Ma sí che l'hanno fatto apposta! L'ambiguità sta nel fatto che la saga del vigile adesso è finita nel privato, ed è per questo motivo che il vigile è in abiti borghesi; ma poverino, la moglie del vigile lo sta lasciando e gli sta dicendo che non ha le palle, però la pubblicità ci vuole dire appunto che se pure tua moglie ti lascia e se pure ti dice che non c'hai le palle, ti rimane pur sempre un telefonino tim ultimissimo modello con il display per il videocollegamento nitidissimo e l'orologio esterno bellissimo. Ammazza che fichi che so' sti pubblicitari daa Tim, c'hanno preso pe er culo alla grande, aho!

E invece no. È proprio il film. (Ammazza che fico er reggista!)

La prima questione evidente del film è che fa pubblicità alla Tim, cosa che continuerà ad accadere in tutti i modi; e che l'esitazione sul vigile in versione privata è possibile che sia provocata con un certo compiacimento. La seconda questione evidente è che il tema d'attualità non è il telefonino ma: le persone si lasciano di continuo; che l'elemento di iperattualità è: le persone si lasciano o si lasceranno guardandosi attraverso il videotelefonino (fatelo presto anche voi, sembra suggerire il film-pubblicità); quindi l'altro ancora è: comprate il nuovo videotelefonino fichissimo. E quello strettamente narrativo è: non ti dico con chi scappo, tanto non hai le palle. Da qui partono il film di De Sica e tutte le altre storie del film. Tutti infatti in questo inizio di film lasciano tutti, e quindi tutti pensano di partire: per una serie di circostanze che va benissimo ci siano nei film, vanno tutti a Miami quest'anno in vacanza, esattamente come sono andati tutti a Cortina, in Egitto, in India negli anni scorsi; ci vanno tutti, sia quelli che si conoscono sia quelli che non si conoscono e che si troveranno lí del tutto casualmente – come Boldi e De Sica, appunto.

De Sica ha ormai sforato il minutaggio pubblicitario e continua a stare in scena, quindi non c'è piú dubbio: è proprio un film; scende le scale di un grande appartamento e va a fare una piazzata in mezzo a una festa di Natale, chiedendo a tutti se, secondo loro, lui c'ha le palle o nun c'ha le palle; scopriamo che è a casa del suo amico Massimo Ghini e che vive da lui da qualche mese, da quando cioè è dovuto andar via da casa. Scopriamo pure che Ghini domani parte per Miami per trascorrere il Natale con la sua ex moglie americana (ecco il motivo per cui il primo va a Miami e poi gli altri lo seguono), ma da come parla è poco convincente. E come ci si può aspettare in una commedia, non è convincente perché lui non è solo il migliore amico di De Sica, ma è anche l'amante della moglie. Questo è il primo di una serie di equivoci che porteranno avanti tutta la storia del film. Posso dire subito che l'equivoco è usato senza chiedersi se c'è un limite; e se ci sono delle leggi mondiali o della Comunità europea che limitano l'uso degli equivoci o comunque danno delle direttive e degli indirizzi d'uso, qui verranno tutte ignorate. Potrebbero essere tutti processati per abuso d'equivoci senza alcuna possibilità di difendersi.

Poi si passa a Boldi. Anche qui stesso meccanismo: è a letto, e arriva un messaggino sms. Prende il telefono e ci mostra anche lui un bel display con la scritta tim – e a questo punto penso che i telefonini Tim ultimo modello sono davvero belli e forse bisognerebbe considerare davvero la possibilità di acquistarne uno. È la moglie che lo sta lasciando, ma lei è nell'altra stanza, quindi gli ha mandato un sms per due motivi: o perché si vuole dire che ormai si comunica via sms anche quando si è nella stessa casa, o perché bisogna fare la pubblicità alla Tim e basta. La moglie sta andando via: al corso di naturopatia ha incontrato una persona che le ha dato stimoli nuovi. Allora Boldi scende giú dalla persona che sta aspettando e si fa dare la cesoia dal giardiniere perché vuole tagliare le palle al naturopata (le palle, come potete avere già intuito, cominciano a essere abbastanza presenti e sembra vogliano imporsi come un altro tema del film – chissà, vedremo...): «Sarà difficile», dice il naturopata, e lo dice perché in realtà è *una* naturopata: una donna. Un equivoco. Lui cerca di risolvere la questione dicendo alla moglie:

«Se vuoi me lo taglio».

«Lo vedi che non capisci niente? Tu rimarresti comunque un uomo!»

«Senza la bestia, però...», dice Boldi, ma ormai l'auto con le due donne si allontana. Boldi si rivolge allora al giardiniere. Gli chiede se naturopata vuole dire lesbica, ma il pover'uomo non lo sa.

«Cosa faccio adesso?»

«Si abbracci a me, dottore», dice il giardiniere e fa per avvicinarsi.

«Ué, ma sarai naturopata pure te? Guarda che te lo taglio!»

Fin dalle prime battute del prologo, si intuisce la sostanza di questo genere di film. Non sono le cose che accadono a far scaturire eventi e dialoghi e quindi la comicità, ma il contrario. Mi spiego: di solito in una commedia si costruiscono dei personaggi e delle situazioni; e dentro le situazioni, i personaggi si comportano secondo le caratteristiche che sono state assegnate loro. Da qui si cerca di impiantare la

commedia, e si spera che la commedia faccia scaturire delle
risate. È un impianto allo stesso tempo naturale e rischioso:
la commedia può far ridere molto o poco, non si sa. Di ogni
prodotto creativo si cerca di intuire la risposta, si spera sempre che sia buona, ma nella sostanza bisogna ammettere ogni
volta: non si sa. Nel bene e nel male, non si sa. Può avere
una risposta di gran lunga peggiore o di gran lunga migliore
di quella che ci si aspettava. Non si sa. È la caratteristica piú
profonda di ogni opera creativa, di qualsiasi tipo e genere,
di una canzone, un quadro, un racconto, un progetto; di una
commedia o una tragedia, una farsa o un dramma, un giallo,
un noir, un film erotico o quant'altro; ogni opera creativa è
caratterizzata – quasi si può definire tale – se *non si sa* cosa
ne è venuto fuori.

Ecco, qui si sa. Si deve sapere. È un prodotto ciclico, esce
ogni anno e ogni anno deve ottenere lo stesso risultato (piú
o meno: può essere di poco peggiore o di poco migliore di
quello che ci si aspettava, ma deve essere sempre piú o meno come ci si aspettava). Quindi, il sistema è rovesciato: si
parte dalla fine, dalla risata. E poi, bene o male, si risale fino
a un personaggio o a una storia. Ma è meno importante: in-
congruenze, verosimiglianza, bellezza, trama – tutto è meno
importante della situazione che fa ridere. Quindi si impianta
la situazione che fa ridere e si costruisce tutt'intorno. È come se si partisse dal conteggiare il numero di risate, dal punto in cui bisogna ridere – facendo il percorso all'incontrario,
insomma, dalla risata si risale a un modo di provocarla, e dal
modo di provocarla si risale a personaggi e situazioni. Capire-
te bene che per raggiungere il risultato della risata in questo
modo si passa sopra una serie di regole di vita sulle quali sono disposti a passare sopra tutti, dagli autori agli attori, agli
spettatori. Per esempio: la moglie di Boldi riceve la telefonata sulla porta di casa e dice: «Sí, amore» – davanti al marito
che sta appena lasciando; non è una cosa né logica né carina;
e poi quando arriva giú in strada la prima cosa che fa è dare
un bacio sulle labbra alla naturopata, davanti al marito: non

è una cosa né logica né carina. Non si fa, è causa di inutile sofferenza. Però non si può perdere troppo tempo a raccontarla perché è roba che serve a una battuta, non ad altro: e allora si fa. Però, capite, sono tutti gesti che se esistesse il dolore – che in questo genere di film non esiste, è bandito, è escluso – una moglie si guarderebbe bene dal fare: nessuno sarebbe così sfacciatamente violento davanti a qualcuno che è disperato, nessuno farebbe del male con tanta intenzione (a meno che non ci siano buoni motivi, e anche quelli bisognerebbe avere il tempo di raccontarli). La convenzione è la seguente, quindi: Boldi viene lasciato dalla moglie e soffre, ma in verità non soffre. Tutti sappiamo che serve al racconto, che lei lasci lui, ma noi non ci dobbiamo preoccupare della sorte di lui, nessuno si deve preoccupare realmente dei personaggi. Boldi non soffre; De Sica non soffre, ma sfrutta quella risposta della moglie – non hai le palle – per fare un monologo tra la gente alla festa urlando: «Signora, ma secondo lei ce l'ho le palle?» Boldi e De Sica interpretano dei sofferenti ma in realtà, nella finzione, sono cinici, sfruttano tutte le circostanze per ottenere la risata. La loro sofferenza è il loro mezzo per far ridere, e sulle loro facce le espressioni sono tutte tese verso la comicità e non verso il dolore.

Come accade tutto ciò? È semplice: con un distacco netto tra l'attore e il personaggio. Boldi interpreta il dottor Ranucci, De Sica interpreta Giorgio, ma questi due personaggi non sono mai davvero indossati dai due attori, ma *usati*. Il concetto è: faccio finta per un'ora e mezza di essere uno che si chiama Ranucci, faccio finta di essere uno che si chiama Giorgio, ma sia chiaro, io sono sempre Boldi e io sono sempre De Sica, sempre, quindi, le mogli di Ranucci e Giorgio non lasciano noi due ma, appunto, Ranucci e Giorgio – e chi se ne frega. Non solo, ma noi due approfittiamo dei nostri personaggi che sono stati lasciati e ci giochiamo sopra. Dunque Ranucci e Giorgio non sono Boldi e De Sica, ma due entità astratte e del tutto convenzionali, alle quali non bisogna credere. Se un attore di solito deve sforzarsi – mettiamo

Dustin Hoffman o De Niro – per far dimenticare il proprio personale carisma e diventare *davvero* il personaggio che sta interpretando, se la possibile vittoria di un attore consiste proprio in questo, nel far sí che il pubblico pensi al personaggio e non all'attore, qui accade il contrario. Non è Giorgio che dice: «Signora, ma io ce l'ho le palle?», o Ranucci che dice: «Ma senza la bestia, però...»; sono De Sica e Boldi che intervengono a giocare con il pubblico direttamente, alle spalle di Giorgio e Ranucci. E per farlo, la convenzione è che noi spettatori non dobbiamo assolutamente mai credere che nel film Giorgio o Ranucci abbiano una qualche rilevanza concreta, che Boldi e De Sica siano diventati loro; no, Giorgio e Ranucci sono dei fantasmi convenzionali, sono la parte cogliona di cui non importa niente neanche a noi. Poi su di loro lavorano Boldi e De Sica in quanto Boldi e De Sica e ci fanno ridere. Bisogna quindi andare al cinema e non credere a quello che accade, ma usarlo per le proprie risate. È questo che fa il pubblico in sala: non gliene importa niente di chi lascia e di chi viene lasciato, sa che è un pretesto e che serve a qualcos'altro, e lo ignora.

Sembra una cosa piccola, ma non lo è, la convenzione vuole che in tutti i generi, anche nella commedia piú spinta, si debba credere a quello che succede, crederci fino in fondo, a prescindere dalle conseguenze, che in una commedia non sono mai tragiche. Faccio un esempio: Fantozzi. Per il giorno dopo il megadirettore ha imposto una corsa ciclistica che farà stramazzare tutti, e Fantozzi cerca una soluzione. La soluzione è una telefonata anonima minatoria al megadirettore. Fantozzi copre la cornetta del telefono con fazzoletti e altro materiale per distorcere la voce, poi parla attraverso un imbuto e con l'accento svedese dice: «Prrooontiii?» Il megadirettore risponde subito: «Fantozzi, è lei?», e Fantozzi riaggancia terrorizzato. Quando il giorno dopo arriva in ufficio, non c'è nessuna conseguenza alla sua telefonata. Il megadirettore non ne tiene conto e neanche Fantozzi la teme. Ma nonostante questo, Paolo Villaggio non è Paolo Villaggio ma è davvero Fantozzi; la terribilità della corsa sarà in primo piano, e il dolore di Fantozzi – fisico ma soprattutto esistenziale – non solo esiste, non solo rimane, non solo è la conseguenza dei suoi guai, ma è forse la caratteristica piú evidente del suo personaggio. Fantozzi nasce sul dolore dell'esistenza, sul suo grigiore. Anche il comico che si porta dietro nasce da quel grigiore, come quando da casa sua salta giú per ritrovarsi direttamente sulla tangenziale. Con Fantozzi ti diverti e sei malinconico, e i due sentimenti sono inseparabili.

Qui no. Per convenzione, qui nessuno soffre e non bisogna credere a nulla. E nonostante questo, resta difficile sopportare un personaggio come il giardiniere che alla disperazione di Boldi risponde: «Abbracci me». Se pure è un «naturopata», non è il momento e non è il modo. Ma non ha importanza: serve alla battuta di Boldi, e lo fa; poi torna tranquillamente a fare il giardiniere non naturopata, e chi se ne frega piú di lui. Anzi, se fosse necessario a un'altra battuta di Boldi, in un altro momento si trasformerebbe in uno stallone, senza problemi (e senza dolore).

Anche Paolino, il figlio di Boldi (anzi, il figlio di Ranucci), parte per Miami, in vacanza con due amici. In verità, sarebbe dovuta andare anche la fidanzata Donatella, che è la sorella di uno dei due amici. Il quale, per non averla tra le palle (il tema), ha escogitato un trucco. Ha detto a tutti e due che l'altro vuole lasciarlo. Ha creato un doppio equivoco. Quindi Donatella non parte, i tre giovani possono andare da soli con l'obiettivo che hanno gli italiani nelle commedie quando vanno all'estero: scoparsi chiunque (mi chiedo se è lo stesso obiettivo che hanno gli italiani nella realtà, e ho paura di rispondere – però la domanda apre una voragine filosofica a proposito dei film di Natale, una voragine che adesso cerco di scacciare perché voglio restare concentrato e vedere dove va a parare il film, senza pregiudizi).

I tre amici sono i giovani del film, servono come viatico per rivolgersi al pubblico giovane che assomiglia a loro e che si identifica con loro e non piú, o non piú tanto, con Boldi e De Sica che mostrano i loro anni impietosamente. Ma quello che i tre non sanno è che Boldi, ormai solo, appunto perché non soffre e non sa che cazzo fare, vuole partire con loro. La sua arma è la carta di credito che agita sotto il loro naso: paga tutto lui, e la cosa un po' li convince. Poi, quando Paolino gli dice che anche Donatella l'ha lasciato per mettersi con un altro, Boldi fa un gesto che non vedevo da quando avevo dodici anni e vivevo nella morbosa provincia meridionale. Con il dito spolvera l'orecchio per chiedere: naturopata o maschio? Capite come fa col dito, mentre lo dice? Porta l'indice sotto il lobo e lo colpisce ripetutamente: un gesto che se non fosse cosí brutale sarebbe una vera e propria madeleine che mi riporterebbe nel cortile della mia infanzia quando prendevamo in giro qualcuno spolverandoci l'orecchio fino a far piangere la vittima: il sospetto della naturopatia era l'insulto piú grave, per uno di noi; quello definitivo.

La scena si svolge in aeroporto, e il caso vuole che le uniche pubblicità che ci sono in aeroporto siano della Tim. Presentate le tre storie, possono partire i titoli di testa, con vedute di Miami, dove d'ora in poi si svolgerà il film vero e proprio e dove stanno per arrivare tutti.

Christian De Sica, intanto, è già arrivato a Miami: va a casa dell'ex moglie di Ghini e scopre che Ghini, nonostante abbia rapporti piú che civili con la moglie, stavolta non andrà a dormire a casa con le figlie ma in albergo: è probabile che stia con una donna. De Sica è indignato e ripete di continuo che adesso va in albergo e sbatte fuori la bagascia. L'equivoco (abbiamo già ampiamente superato il numero di dieci equivoci appena dopo i titoli di testa) è che la bagascia è sua moglie. Poi dice a Kelly, la moglie di Ghini, che è venuto a trovare Stella e Susy, le figlie di Ghini e Kelly, che non vede da quando erano piccole: «Quanta Fissan je mettevo sur culetto». Arriva Stella e come si può immaginare è diventata una strafica pazzesca di non piú di sedici anni (ma forse quindici, eppure nel film si dirà – implicitamente – venti); Stella salta addosso a De Sica (lui le palpa il culo senza ragione) e lo bacia in bocca gridando: «Zio!», e gli mette le tette in faccia. D'ora in poi Stella tenterà di scoparsi lo zio Christian, suo mito erotico da quando era piccola (speriamo tutti non da quando lui le metteva la Fissan sul culetto), e lui tenterà di resistere fino a quando un ennesimo equivoco non gli darà l'autorizzazione definitiva a lasciarsi andare. Ma andiamo con ordine: De Sica va nell'albergo dove Ghini e la sua amante (che è la moglie di De Sica, ma lui non lo sa) stanno guardando in tv la registrazione della scopata che si sono fatti (sí, davvero). Quando suonano alla porta loro ovviamente avevano ordinato dello champagne e quindi Ghini va ad aprire convinto che sia il cameriere, e quando vede De Sica je pija un colpo. La donna scappa in bagno mentre De Sica esordisce con: «Mario, mi meraviglio di te», e Ghini, convinto di essere stato scoperto (equivoco), risponde: «Ti posso spiegare, non è come credi...», fino a quando De Sica dice: «E tu preferisci stare qui co na zoccola quarsiasi de Miami invece che a casa tua?», e allora Ghini può tirare un sospiro di sollievo, ma l'equivoco è doppio, triplo, quadruplo, quando De Sica entra e dice:

«Ce parlo io caa signorina».

«No, tanto non capirebbe».

«E perché?»

E Ghini inventa sul momento: «Perché... è russa».

«Ah, pure?», dice De Sica con una battuta davvero azzardata e molto insensata e da barzelletta di Pierino, come per dire che quando dorme russa.

«No, *è* russa», lo corregge Ghini.

(Ora, riguardo al primo «è» – «perché... è russa» – non sono proprio sicuro che ci sia, dovrei rivedere la scena; voglio dire, se c'è, o De Sica non l'ha sentito, oppure, ci ho pensato per giorni, la sua interpretazione è stata la seguente: «Perché... eh, russa». Cosí funziona di piú se lui ha capito che la donna russa. In tutti e due i casi, non si spiega in nessun modo l'insensatezza del dialogo, e cioè il fatto che

la signorina non capirebbe ciò che vuole spiegarle De Sica
per il fatto che la notte russa. Non ha senso. Oppure è una
notazione digressiva di Ghini – non capirebbe e oltretutto
la notte russa. Oppure De Sica intendeva dire: è pure di na-
zionalità russa?, ed è Ghini che crede che lui abbia capito
che la notte russa. Oppure... – vabbè, basta!)

Ormai De Sica è irrefrenabile, nonostante le proteste di
Ghini si butta nella stanza e si ritrova davanti alla tv dove
vede Ghini che si scopa questa secondo lui russa che non
si vede mai in volto. E poi arriva, impietosa, una nota che si
può definire con esattezza: pecoreccio-nostalgica. Un vero
azzardo narrativo. Nel video, infatti, Ghini in questo momento sta scopando con due gambe attorcigliate intorno al
suo collo (si vedono solo quelle, è ovvio, nun se vede a moje
de De Sica), e il viso di De Sica diventa tristissimo e dice:
«Ma che fate, 'a posizione a ragno?» La tristezza che je pija
sta ner fatto che 'a posizione a ragno je ricorda proprio su
moje: «La sua posizione preferita», e poi, disperato, quasi
singhiozzando, urla con nostalgia: «'A posizione a ragno!»,
e sta per scoppiare a piangere. Ghini lo rimprovera: «Ma stai
sempre a pensà a Daniela, anche adesso che c'è un oceano
che vi separa!»

La cosa finisce lí, ma com'è ovvio ritornerà.

Quando si torna a Boldi e ai ragazzi si mette a fuoco
un'altra questione del film, che mette a fuoco anche il signore grosso accanto a me quando si gira verso i suoi familiari e
dice: «Ma qui nessuno parla inglese?»

In effetti ha ragione. Qui nessuno parla inglese. Nessuno: né gli italiani che vanno a Miami, né gli altri stranieri
che vanno a Miami, né gli stranieri tra di loro, né quelli di
Miami con gli stranieri, né quelli di Miami tra di loro. Nessuno. Si parlano tutti in italiano. Ma il punto è sempre lo
stesso: si parte dalla fine, dalla risata. E soprattutto si va incontro alle esigenze del pubblico: se si parlasse inglese, vorrei spiegare al signore, lei e i suoi figli e sua moglie stareste

lí a faticare a leggere i sottotitoli e tutte le situazioni e gli equivoci del film diventerebbero estremamente complicati. Insomma, l'inglese sarebbe un intralcio alla rilassatezza e alla voglia di divertirsi senza troppo sforzo da parte di tutti noi che siamo qui e tutti quelli che lo hanno già visto e lo vedranno, migliaia e migliaia di persone in ogni angolo d'Italia.

Solo che la cosa diventa ancora piú strana, potrebbe rispondere il mio vicino, piú avanti, in un episodio di Boldi che tampona un paio di taxi da cui escono due tassisti (forse) portoricani che invece parlano lo spagnolo! E allora verrebbe da pensare che l'unica lingua bandita negli Stati Uniti sia l'inglese. Ma anche qui la risposta c'è, ed è una continuazione della prima: se lo spagnolo serve per una situazione comica, per far dire rivolti a Boldi «hijo de puta!», allora si usa lo spagnolo. E se è insensato, chi se ne frega. Il film si prende queste e molte altre libertà, ma non lo fa per se stesso, lo fa per noi. È completamente al nostro servizio, non ci vuole creare nessun problema, sa che abbiamo mangiato molto a Natale, sa che sono giorni di completa rilassatezza, sa che chiediamo di divertirci e di ridere ma senza nessuno sforzo di nessun tipo. Il film, anzi, esiste per sostituire gli altri film che richiedono qualche sforzo. In questo è davvero preciso e generoso. E tutta la sala ricambia ridendo. Anche il signore accanto a me ride, dopo che ha fatto quella domanda, sia perché era giusta sia per sottolineare il suo spirito di osservazione; ma tutto è durato un attimo e adesso si può rilassare anche lui, lui che ha un posto buonissimo al contrario dell'anno scorso quando era seduto là sotto: e allora non vuole nessun problema che gli provochi una pur minima amarezza, come scoprire che c'è un fondamento di falsità nel film. Lo ha detto, poi però si è rilassato e adesso ride senza pensieri.

Non è che mi possa mettere a spiegare tutti i passaggi del film, sensati o insensati che siano. Sta di fatto che nell'appartamento preso in affitto dai tre ragazzi (che hanno cacciato via Boldi), dove in una specie di piscina condominiale prendono il sole soltanto strafiche, entra una vicina con un

dobermann e le si è rotta la doccia e vuole farsela lí. Non
mi chiedete perché si porta il dobermann in bagno o perché
Boldi è tornato indietro e vuole rientrare dalla finestra del
bagno, e perché appena entrato gli viene voglia di fare pipí
pensando che sotto la doccia ci sia il figlio, mentre il dobermann si avvicina intanto che lui piscia e lo minaccia e Boldi,
terrorizzato, apre la cabina della doccia e c'è la donna che
crede che Boldi voglia violentarla, Boldi con il pistolino da
fuori dice con tutta l'ambiguità possibile «mi faccia entrare, la prego, che è grosso» (si riferisce al cane), ma la ragazza equivoca e continua a dire «lo metta dentro, la prego» (si
riferisce al pistolino) e poi, scappando: «Ma è un maiale!»,
e Boldi, equivocando a sua volta: «Ma no, è solamente un
cane, un dog».

Giuro, dice «dog».

Dice «dog».

La qual cosa a questo punto farebbe impazzire chiunque,
se si applicasse alla questione della lingua nel film, e se il mio
vicino smettesse di ridere si renderebbe conto che questo
«dog» rimette in discussione tutto, tutta la questione dell'inglese, dello spagnolo, dell'italiano e delle convenzioni! Ha
detto «dog» alla ragazza che pure gli parlava in italiano! Perché ha detto «dog» in un film dove per convenzione l'inglese
è stato bandito? Cosa significa?

Ma come ho appena imparato, chi se ne frega!

E poi nessuno di noi, né io né il mio vicino, ha piú la forza di concentrarsi su altre questioni. Noi ormai abbiamo de-
stinato la nostra intelligenza e la nostra capacità di concentrazione tutta agli equivoci, perché la quantità di equivoci
che ci sono in questo film non è possibile calcolarla, si passa da equivoco a equivoco, tutto per scopare o per non farsi
scopare o per scoprire con chi scopa questo o quello; ma per
seguirli tutti non c'è spazio per altro: tutto il cervello è stato prenotato ed è riservato agli equivoci. Insomma, o ti con-
centri sugli equivoci o pensi ad altro – non puoi fare tutt'e
due le cose; che poi significa: o si sta dentro o si sta fuori,

in questo film – e la frase «o si sta dentro o si sta fuori» potrebbe essere anch'essa una frase equivoca del film, un doppiosenso, perché adesso il doppiosenso, la parte piú intima dell'equivoco, sta tracimando nelle nostre menti e io non so se penso solo frasi a doppiosenso o tutte le frasi possono avere un doppiosenso incorporato. Potrei dire che, man mano che il film va avanti, mi sto ammosciando (doppiosenso) perché la preparazione (doppiosenso) che avevo fatto, l'entusiasmo che avevo messo nel venire (doppiosenso) qua non sta trovando molto riscontro (doppiosenso?) Lo devo ammettere, costi quel che costi (doppiosenso?): non mi diverto tanto (doppiosenso).

Boldi si traveste (doppiosenso – basta, però) da giovane e prende in affitto un macchinone rosa e a un certo punto fa il gesto dell'ombrello rivolto a tutti gli abitanti di Miami, ma non si capisce per quale motivo; Ghini non molla la questione delle posizioni e anche se gli è impossibile vedere la sua amante continua a parlare di posizioni, nun vole fa piú quella der ragnetto, ma annuncia la *sweet chariot* (ancora inglese!, stavolta detto da un italiano a una italiana! E infatti poi deve spiegare: «'A posizione daa cariola!»), che praticheranno appena possibile. De Sica è assaltato dalle voglie della ragazzina che vuole scopare con lui e lui non può perché «tuo padre è come un fratello per me», e poi perché le cambiava i pannolini («E quanto cacavi, cocca»); la ragazza non si rassegna, sa che da giovane lo chiamavano «il mandrillone di Frascati»; e da qui comincia un altro enorme (doppiosenso) equivoco, e cioè Ghini è convinto che stia succedendo qualcosa non tra De Sica e sua figlia ma tra De Sica e la sua ex moglie, e a questo punto (occhio per occhio – non so se è un doppiosenso, forse no) la cosa gli sta benissimo, e quindi tende a incoraggiarla; ma non essendo esplicito – qui nessuno è esplicito, altrimenti gli equivoci vanno a farsi fottere (super-doppiosenso!) – De Sica capisce che a Ghini sta bene che lui scopi con sua figlia. E la cosa lo sconcerta non poco. D'altra parte la ragazza è bellissima e maliziosa, e quando sulla spiaggia gli fa dei massaggi audaci lui ha un'erezione che quando poi Ghini lo trascina in acqua provoca una specie di tracciato nella sabbia come se fosse una spalatrice. Grandi risate.

Boldi e i ragazzi vanno in un locale un po' hard e Boldi rimorchia tre strafiche («L'uragano ciula ciula si è abbattuto sulle contropassere»), e vanno in una villa di una delle tre a Miami dove devono scoparsele ma qui, figuriamoci, Boldi porta Sharon a fare una passeggiata fuori e le parla di sua moglie, e mentre lo fa, Sharon, nascosta da un palo, alza la gonna e piscia. Solo che piscia come pisciano i maschi, così Boldi scopre che non si tratta di donne ma di travestiti e comincia una lunghissima gag con i ragazzi che sono rimasti dentro (doppiosensissimo) perché Boldi, per far capire loro con chi stanno avendo a che fare, mima davanti alla vetrata il gesto del fare pipí, poi lo fa attorcigliando il maglione, poi va avanti e indietro con davanti una pianta di cactus e infine con un enorme cuscino da divano. Dentro, i ragazzi credono che sia impazzito («Ma da quanto tempo non scopa il tu babbo?»), fino a quando non capiscono e scappano terrorizzati – in modo anche esagerato, visto il successo che invece hanno i travestiti di solito. Comunque...

Il problema non è questo. Il problema è che tutti ridono a crepapelle, tanto che le poltrone della mia fila tremano a causa delle schienate che danno alcuni di ritorno dall'essersi letteralmente piegati dal ridere. E io no.

Non rido.

Eppure, vi giuro, ero venuto con le migliori intenzioni. Ero allegro, divertito dalla situazione, curioso e desideroso di mettere in gioco il mio scetticismo. In fondo Boldi e De Sica saranno simpatici e che sarà mai sto film?, ho pensato decidendo di venire. Invece sento che comincio a essere un po' triste; in trappola. Diverso, perché sento solo la vibrazione della fila di poltrone e mi irrigidisco. Perché tutti si divertono e io no.

Non mi diverto, questa è la verità.

Sono pronto a tutto in questa specie di tour nel mondo che non frequento di solito, anche perché sono abbastanza sicuro, e un sacco di segnali me lo hanno confermato, che anche se non lo frequento io sono un po' cosí, un po' o tanto, a volte un po' e a volte tanto; è per questo che sto facendo queste tappe. C'è un motivo, e il motivo è da cercare nella tanta o poca somiglianza, non nella diversità. Quella la conosciamo tutti. Io mi sono sempre sentito diverso da quelli che guardano *Domenica in* o *Natale a Miami* o si infilano negli ingorghi delle vacanze. È tutta la vita che mi baso su tali certezze. Poi queste certezze hanno cominciato a vacillare quando ho capito che c'è una correità in ogni cosa che accade in un paese, e di questa correità mi sono fatto carico attraverso un percorso di sincerità. Dentro di me c'è un germe di quello che sono stato sempre sicuro che non ci fosse. E vaffanculo, questo germe me lo coltivo e lo osservo e me lo godo e cosí capisco un po' di piú di me e del mondo. Voglio capire, e quando voglio capire già mi basta, già sono disponibile e contento di starci. Non solo. Azzardo di piú: sono anche sicuro che sono almeno un po' cosí anche tutti gli altri che sono sicuri di non essere cosí. Un po', pochissimo, di piú o molto. E sono convinto che indagare in questa parte oscura di noialtri faccia solo bene, faccia capire un po' di piú sia di noi sia degli altri.

Però, e mi dispiace dirlo, credetemi, qui no. Non mi sta piacendo.

Non ho nulla da dire su tutti quelli che sono intorno a me e che si divertono, va benissimo. Ma io ho tenuto a freno finora e adesso però la libero almeno nel pensiero questa voglia enorme (senza doppisensi, senza doppisensi) che ho di andarmene, perché nella sostanza, pure se cerco di capire tutto e di guardarmi intorno, mi sto annoiando. Non è come altre volte in cui, in fondo, ho sempre sentito una forma di piacere fino alla fine. Qui, all'inizio, era come le altre volte: quando sono arrivato davanti all'Adriano, quando ho ritirato il biglietto, quando sono stato sicuro che qui dentro ci sarei stato anch'io, mi era salita quella specie di euforia che mi sale quando faccio qualcosa che non avevo messo in conto di fare nella mia vita, e che invece sto per fare. Qualsiasi minuscola cosa. E questa sensazione, sempre, la conservo fino in fondo; anche quando fatico, sento la fatica ma non perdo la voglia di restare. Mi piace in modo morboso fare cose che non dovrei fare, non avrei voluto fare, non conosco e non capisco. Mi piace, mi piace e mi piace. Ma qui no. Qui mi sento diverso e oltretutto sono infastidito da me stesso: ma come, faccio di tutto per coltivare il germe e per analizzarlo, e poi provo insofferenza, nervosismo, noia e voglia di andarmene? Perché ho voglia di andarmene? Perché mi annoio. È la verità, e anche se non doveste credermi, mi dispiace. Anche perché tutto ciò che sto vedendo sullo schermo e la reazione delle persone accanto a me, il rapporto tra ciò che vedo sullo schermo e ciò che piace alle persone che sono sedute qui, comincia a preoccuparmi e ad angosciarmi, perché si fa sempre piú chiaro. Ma cerco di respingere voglia di andarmene, noia e cattivi pensieri. Cerco di resistere, e continuare, di andare fino in fondo – ecco cosa! Non mi aspettavo che non sarei riuscito ad arrivare fino in fondo. E allora, per reazione contro me stesso, mi sistemo nella sedia e continuo.

(Sono abbastanza sicuro che anche voi avete la mia stessa sensazione: basta! Io non me ne sono andato; voi, se volete, potete passare al capitolo successivo. Solo vorrei ricordarvi che è sbagliato, perché si perde l'identificazione tra il personaggio che sono io e il lettore che siete voi. Anche Tolstoj ci ha costretto a leggere decine e decine di pagine dopo che Anna Karenina ha strappato l'appuntamento con Vronskij. Chiunque ha avuto voglia di saltare quelle pagine, ma non saltarle ci ha permesso di provare la stessa insofferenza che provava Anna Karenina per tutto ciò che succedeva prima dell'appuntamento. Quindi, se continuate, proverete la stessa agitazione che ho provato io attorcigliandomi nel posto H18).

Anche perché adesso arriva la scena dell'incontro tra Boldi e De Sica: finora è come se fossero stati due film, accidentalmente girati nello stesso luogo. È come se noi avessimo fatto zapping dall'uno all'altro. Adesso invece i due film stanno per incontrarsi. Fuori da una discoteca.

Cosa succede? Succede che Stella è bellissima e l'angioletto e il diavoletto di De Sica appaiono sulle sue spalle e uno dice che ha cinquant'anni e quanno la trova n'antra cosí, mentre l'altro gli ricorda che non sta bene il fatto che lei ne abbia trenta di meno. De Sica decide di parlarne con Ghini, il quale, poiché pensa che De Sica parli della ex moglie, gli dice di buttarsi (cioè di scoparsi la sua ex moglie mentre lui si scopa la sua): «Meglio a te che a uno sconosciuto. È adulta? Vaccinata? E allora vai tranquillo». «Ma non ti dispiace?» «Ma nun me ne frega niente». De Sica non ci può credere, mentre Ghini scappa lo insegue: «Allora io vado?» «E vai, vai, vai!» De Sica è incredulo: «Ammazza che padre! Emancipato...» Il megaequivoco gli dà via libera, quindi: può lanciarsi sulla sedici-ventenne. «Stellina, il mandrillo è risorto!», le dice e le dà appuntamento tra dieci minuti al parcheggio. E lí, al parcheggio, scampato per miracolo al pestaggio dei tassinari, c'è Boldi, che ha promesso ai ragazzi di non entrare anche lui in discoteca, di aspettarli fuori (dei ragazzi, a proposito, non ci sono tracce in discoteca, eppure sono lí. Boh...)

Come si incontrano i due? De Sica gira l'angolo e davanti a lui c'è un pazzo (Boldi) che gioca a calcio da solo con una lattina di qualcosa, fa la telecronaca di Ringhio che passa a Pirlo e Pirlo tira e colpisce – indovinate chi? De Sica. Un secondo dopo De Sica è steso svenuto nell'auto rosa di Boldi che urla «emergenza», mentre Stella sta uscendo dalla discoteca per andare all'appuntamento. Un secondo dopo Boldi e De Sica sono fermi per strada con la macchina che fuma e Boldi gli sta spiegando che lo stava accompagnando in ospedale quando l'auto si è rotta, ma a De Sica importa solo di tornare da Stella al piú presto (il mandrillone è risorto...) Cosí, devono cercare aiuto nel villino piú vicino.

La casa è abitata da un normale serial killer di Miami che proprio in quel momento sta facendo a pezzettini un cadavere, col sangue che schizza da tutte le parti. Quando i due entrano nella Casa dell'Enorme Equivoco, Boldi vedendo asce e coltelli dice: «Dev'essere un arrotino»; De Sica invece ipotizza che sia un artista, «si vede dallo schizzo» (quanti doppisensi si annidano in questa frase?), mentre indica dei quadri insanguinati. Sono (e siamo) entrati in un film de paura, che è il gioco, l'ultimo gioco che faranno Boldi e De Sica prima di separarsi. Qual è la specialità del serial killer? Tenere pezzetti di cadavere in frigo e cucinarli al sugo, con una particolare predilezione per i testicoli, che appunto mette a friggere mentre continua a lavorare alle sue imprese. Boldi arriva in cucina, è affamato e vede «le polpette». Decide che possono approfittarne. De Sica è riluttante ma poi cede e si siede mentre legge sul giornale del serial killer e delle sue peculiarità.

Questo è il dialogo a tavola mentre mangiano con voracità alcuni testicoli al sugo:

«Ma lo sa che qui a Miami c'è un serial killer che fa a pezzi le sue vittime?»

Boldi, distratto dal cibo, gli chiede: «Buone?»

«Ma lo sa che aveva ragione? – dice, – sono buone, ma de che so'?»

«Io non capisco il retrogusto».

«...Ma la cosa schifosa è che questo serial killer, dopo aver ucciso, come macabra usanza, si nutre di testicoli umani» (e addenta con voracità la sua polpetta).

Boldi: «Eh, ma che schifo, ma mi scusi, lei mi parla di testicoli umani mentre stiamo mangiando? Per favore...»

«Ha ragione..., – De Sica mostra la polpetta e con ilarità: – anche perché la forma richiamerebbe...»

Anche Boldi ride di gusto e rincara: «Ce stamo a magnà i cojoni alla vaccinara!»

«Se dovemo finí ste du palle che so' rimaste!»

«In che senso?»

«Prego: Evaristo o Ernesto?»

«Appunto, dicevo, in che senso?»

«Evaristo il coglione sinistro ed Ernesto il coglione destro».

«Ecco, io piglio il destro, eccolo qua» e Boldi se ne infila un altro in gola.

Il tema delle palle, cosí, è dipanato fino in fondo.

I due sono esilarati dalla loro ipotesi, dalle battute su quelle ipotesi, ridono tanto come se fossero due simpaticoni ma il sottotesto dice che sono stupidi perché non sanno che stanno mangiando davvero i coglioni, e la terza lettura, quella piú vera, è che Ranucci e Giorgio sono cosí ma Boldi e De Sica, loro, lo sanno cosa sta accadendo, ed è proprio per questo che spingono tanto sul pedale della battuta, e cosí tutta la sala ride non contro di loro ma insieme a loro, insieme ai due attori contro i due personaggi che hanno messo in scena per giocare con noi: due uomini che credono di essere spiritosi, che sguaiatamente ridono con il sugo che gli cola dalla bocca.

Tralascio il fatto che Boldi va a fare pipí e una pianta che si ciba di solito di carne umana (imboccata dal serial killer) gli morde il pistolino, e prima Boldi è spaventato e poi pian piano sempre piú lascivamente dice: «Molla, molla, molla... Molla...» fino a godere, credo, ma hanno la pietà di staccare prima. Decidono di cercare le chiavi della macchina del tipo (che ha già provveduto a infilare nel bagagliaio la vittima fatta a pezzi): Boldi, cercando, trova delle cassette porno e con perfetto tempismo De Sica compare da dietro una colonna e dice con tono serio: «Senta, lei si intende di seghe?»

E Boldi: «Eh, beh, come tutti, da ragazzo... sa poi ho perso un po' la mano, col tempo... e poi queste sono cose intime, personali, scusi...»

«Cose intime, queste?», dice De Sica afferrando da dietro la colonna una sega a motore, che prima si era appena intravista.

«Ah, quella sega?», dice sollevato Boldi.

Poi una serie di vicissitudini portano i due a colpire involontariamente il serial killer, prendere l'auto con il cadavere fatto a pezzi dentro, essere fermati dalla polizia e giocare sull'equivoco di aver usato la motosega per fare a pezzi la capote dell'auto per loro, il cadavere per i poliziotti; ma alla fine l'equivoco viene chiarito e i due diventano eroi benemeriti ringraziati dal tenente a nome del dipartimento della Florida. Il tenente però spiega anche cos'hanno mangiato.

De Sica a Boldi: «Ma si rende conto che lei mi ha fatto mangiare otto palle umane?»

Boldi a De Sica: «Ma si rende conto che, prima che arrivasse lei, mi sono mangiato un würstel?»

Poi corrono a vomitare.

Infine, De Sica riesce finalmente a portarsi Stella in albergo, ma l'unico che conosce è quello dove va Ghini con la moglie (devono fare la posizione del condor). E qui c'è il megamaxiextraequivoco, l'equivoco di tutti gli equivoci (alcuni direbbero a questo punto: la madre di tutti gli equivoci – perché ormai si dice cosí per ogni cosa), cioè l'equivoco che si scopre in quanto equivoco che si sviluppa su diversi piani che si intersecano: De Sica che è stato poco prestante nella scopata con la ragazza; sua moglie che per sbaglio finisce nella sua stanza (giuro, finisce nella sua stanza in un megalbergo di tre miliardi di stanze) e si nasconde sul balcone; Ghini che entra nella stanza e crede ci sia Kelly e poi quando si rende conto che De Sica si scopa Stella lo vuole ammazzare; ma poi De Sica scopre che è Ghini che si scopa la sua di moglie, e lo vuole ammazzare – e devo dire che questa scena del supermegamaxiextraequivoco ha tempi dilatati, ma è abbastanza riuscita. Nasce perché Ghini deve far uscire De Sica dalla stanza per permettere alla moglie di De Sica di andare via dal balcone, prosegue in modo insensato perché Ghini vuole morbosamente sapere com'è andata con quella che crede essere la moglie, e la cosa è pure esagerata. De Sica comunque finge di aver fatto cose da pazzi, dice che lei ha detto: «Non ho mai goduto cosí tanto». Ghini si risente, dice: «Ma con te ha ululato?» «Me pare de no». «E allora che dici? Quando gode veramente, ulula». E De Sica: «Ma

te che cazzo ne sai?» E Ghini: «Con tutte le volte che ce so'
annato a letto!» E De Sica, credendo che stia parlando di
Stella, è indignato: «Ma è na cosa schifosa!»

Ma poi cambia tono e diventa commedia classica quando appare Stella e non Kelly. Ghini è indignato, schifato
dell'amico – ma a questo punto succede che De Sica incontra la moglie che è nascosta sul balcone e quindi risolve la situazione dicendo una cosa che non sta né in cielo né in terra
per il suo personaggio – ma qui, si sa, tutto è permesso: dice
che si vuole buttare giú dal balcone, si vuole ammazzare per
la vergogna. No, dico, ma è possibile? In un film del genere
e con tutto quello che hanno fatto in questo e negli altri film,
De Sica adesso ha il coraggio di vergognarsi a tal punto da
buttarsi dal cinquantesimo piano di un megalbergo? Eppure
si va avanti cosí, con Ghini che dice: «Ammazzate come te
pare, ma dar balcone no!» Ormai però è tardi, nel senso che
De Sica a questo punto *deve* andare fuori sul balcone, altrimenti non si va avanti, e quindi ci va. Esce e si volta per dire le ultime parole: «Di' a Daniela che l'ho sempre amata»,
poi la vede e continua: «Anzi no, glielo dico io». E da qui
in poi c'è la stessa situazione di prima, ma a parti invertite.

Intanto, a casa dei ragazzi ci sono tre americane: fumano
canne, poi mettono un telefonino della Tim nel vano musica nuovissimo e parte la musica; dietro di me uno dice: «Ma
è il telefonino nuovo? Co a musica? Me lo devo fa'» (parole testuali).

Qui c'è il capolavoro: Paolino, il figlio di Boldi, è a letto con l'americana che, poiché ha l'apparecchio per i denti
come ce l'ha la sua fidanzata Donatella, lo ha bloccato psi-
cologicamente e quindi l'americana decide di infilarsi sotto
le lenzuola per tentare di risvegliare il dormiente Paolino.
Mentre succede tutto questo, Paolino non sa che Donatella
(ricordate? La fidanzata che doveva partire con lui) ha scoperto il trucco, è partita per Miami, ha incontrato in aeroporto Boldi e adesso sta venendo qui con Boldi che cerca di

dissuaderla, ma non c'è niente da fare. Quindi, mentre la ragazza americana è lí sotto che si dà da fare, si spalanca la porta ed entra in camera un Boldi ansioso che scivola sullo skate che è lí apposta e vola sul letto e dà una testata alla ragazza che si incastra con l'apparecchio sul cazzo di Paolino. Per andare all'ospedale, ma senza farsi vedere da Donatella, Boldi li trasporta su skate e pattini coperti da un lenzuolo, come se fosse una scultura composta. La cosa pazzesca è che ce la fanno a scappare senza che Donatella se ne renda conto.

In ospedale c'è ancora un altro sfinente equivoco tra Boldi e il medico, con il medico che dice di avere fatto tutto il possibile, «ma purtroppo si è rotto» e intende l'apparecchio della ragazza ma Boldi capisce che ha staccato il pisello a suo figlio – e con gli equivoci davvero mi sembra di essere diventato pazzo! Quasi mi viene da urlare basta e anche tu, medico del cazzo, in una situazione del genere non volevi nemmeno rompere l'apparecchio della ragazza, e poi cos'è quella faccia mesta, che cazzo te ne fotte a te dell'apparecchio della ragazza? Confessa, hai la faccia mesta per far credere che si tratta del pisello di Paolino, lo fai apposta, è tutto finto! Ecco, sento che sto davvero per impazzire. Da qui in poi il film è praticamente finito, mancano pochi minuti, il tempo di far accadere un'altra cinquantina di equivoci.

Vabbè, basta, dico solo che finisce che se ne vanno in taxi Boldi e De Sica, ma il tassista chiude le portiere e va: è il serial killer. Mentre i titoli di coda scorrono e le luci si accendono, mi viene in mente una cosa che mi sembra di aver capito e che gli altri secondo me non hanno capito: nella sostanza metaforica (doppiosenso?), anche l'angioletto e il diavoletto sulle spalle di De Sica rappresentavano le palle. E la testa di De Sica, quindi, il cazzo. Mi sembra cosí evidente che vorrei dirlo ai miei vicini, ma si sono già allontanati...

Non sono allegro quando esco. Ho resistito fino alla fine, ma non sono allegro. Per tutto il film ho tentato di scacciare dei pensieri brutti. Che partono dal seguente assunto: è assolutamente evidente che gli sceneggiatori, il produttore, il regista, tutti quelli che ogni anno mettono in piedi questo film in modo ciclico e sempre identico, hanno un'idea molto precisa dello spettatore italiano che va a vederli. Questo è molto importante e molto sorprendente, visto che qualsiasi prodotto creativo, come dicevo, è schiavo di un gigantesco e imprescindibile *non si sa*. Anche i film hollywoodiani sono sottomessi al «non si sa». Ci sono mestieri specifici inventati da *non si sa* chi, di esperti del trasformare il «non si sa» in «si sa». E sono dei mestieri in cui, si è scoperto con orrore, all'interno delle stanze dove si decide che si sa e quindi cosa andrà bene e cosa no, all'interno di quelle stanze, prima di decidere in che modo si sa, gli esperti sono alle prese con un grande incubo che cercano di tenere nascosto: non si sa cosa si sa. Quindi, chiunque voglia produrre un film, una rivista, un nuovo rossetto, il videotelefono, un libro noir o un nuovo ristorante alla moda, lo fa con un sacco di ragioni e cognizioni di causa, ma alla fine, sempre, sempre, ognuno deve aspettare con il fiato sospeso perché sa benissimo, anche se ha fatto finta che si sa, anche se per lavoro dice che si sa, sa benissimo che non si sa.

Invece il produttore, gli sceneggiatori e il regista – mettiamoci pure gli attori – della serie dei film di Natale lo sanno. Sono gli unici che lo sanno. È una cosa non solo rilevante, ma serissima. Ogni anno, qualche volta meglio e qualche volta peggio, il film incassa una tale quantità di milioni di euro da battere quasi sempre la concorrenza. Quindi a questo film corrisponde un'Italia che De Laurentiis e compagnia conoscono molto bene, a meno che non si voglia dire che il successo abbia a che fare solo con l'abitudine – e anche questo sarebbe un grande errore. Gli italiani hanno un pregiudizio antico verso le abitudini, se ci cadono dentro se ne vergognano, e quindi se un'abitudine mette radici deve essere ben congegnata. Qui, dunque, non c'è dubbio, si sa. Si sa per davvero. Si sa perfettamente cosa piace all'italiano che va a vedere questo film, a quello che chiamiamo da decenni l'italiano medio. Se

un giorno volessi capire chi è l'italiano medio, so che c'è qualcuno, in questo paese, che lo sa e me lo può spiegare: sono il
produttore, il regista, gli sceneggiatori e gli attori di questo
film. E non è un pensiero che mi dà sollievo. Non per loro,
per carità, perché sono bravissimi ad aver capito tutto questo.
Non per loro, che hanno capito. Ma per *cosa* hanno capito.

Perché forse, attraverso i film, lo spiegano già un po'. E
allora mentre guardavo e mentre mi intristivo e mentre sentivo le sedie della mia fila che sobbalzavano infastidendo-
mi, pensavo: qual è l'Italia che raccontano i film di Natale?

È un'Italia senza tempo, con spregio della modernità e
dell'evoluzione dei costumi. È un'Italia che guarda il mondo
cambiare con un occhio elastico e condiscendente, quasi mai
scandalizzato, ma che non ha nessuna intenzione di partecipare: la moglie può scappare con una lesbica perché siamo
nel Duemila e questo è diventato oggettivo, ma il punto di
vista di Boldi e di De Sica – che coincide con il nostro – è
che l'omosessualità non riguarda loro ed è di un altro mondo, mentre in questo mondo valgono le corna, le tette, i culi
e i telefonini. Alla fine del film, per esempio, arriva a Miami anche la moglie di Boldi; ha lasciato la naturopata e vuole
tornare col marito. Boldi le dice (intendendo una specie di
nuovo viaggio di nozze): dove vogliamo andare? E lei (appena arrivata): in bagno. E Boldi: degli uomini o delle donne?

Ecco: quale idea c'è dell'omosessualità in una frase del
genere? Siamo nel Duemila, ma in ogni caso la questione
dell'omosessualità è rimasta ferma al simpatico delle scuole
medie che dice che *quelli* – e si tocca con l'indice il lobo
dell'orecchio piú volte – devono andare nel bagno delle donne. Il problema non è la battuta di Boldi in sé, ma se il pensiero che c'è dietro quella battuta corrisponde o no al pensiero dell'italiano medio. Ho paura di quel che risponderei.

Oppure, sempre Boldi: per dire a Donatella, la fidanzata di Paolino che ha scoperto il trucco del fratello e si è presentata a Miami, che Paolino non va a donne, dice che hanno fatto una vita esemplare, che sono andati per musei – e

il concetto è che, per dare l'impressione dell'innocenza (che per il maschio è coglioneria), si dice che uno quando fa un viaggio va a visitare i musei; a visitare i musei ci vanno i coglioni che non scopano. Le due cose non sono conciliabili: o scopare o andare per musei, è il concetto. E quando Donatella arriva a casa e trova degli indumenti intimi femminili buttati sul divano dice: «Musei, eh?»

La domanda terribile è questa: è cosí che gli italiani sono nei film che raccontano gli italiani all'estero, oppure gli italiani, quando vanno all'estero, sono davvero cosí? Preferisco non rispondere.

Una volta, qualche anno fa (nel 1998, per l'esattezza), sono andato a vedere un altro film di Natale, stavolta mandato da un giornale che mi chiedeva di vederlo e di scriverne, perché stava incassando tanti soldi ed era diventato un fenomeno nazionale. Il film era di Vincenzo Salemme e si intitolava *L'amico del cuore*. La trama era questa: una persona malata di cuore deve subire un'operazione che potrebbe essere letale. Il suo migliore amico ha una moglie svedese che è bellissima, «arrapante». Lui chiede al suo migliore amico, come una sorta di possibile ultima volontà, di lasciargli scopare la moglie. Nel 1998, quindi, si presumeva che esistesse ancora il mito della svedese. La svedese in questione durante il film faceva tre cose: andava in chiesa, dal parrucchiere e tornava a casa a cucinare (ma poiché era svedese, le donne indigene sospettavano che non sapesse cucinare). Ma la questione ancora piú terribile è la seguente: che per tutto il film, nessuno ha mai chiesto alla svedese questa cosa. Va bene: la svedese è arrapante e lui sta morendo e vuole esprimere l'ultimo desiderio, in modo ricattatorio; va bene: è la moglie del suo migliore amico e quindi per onestà glielo deve dire al suo amico; ma alla svedese chi glielo dice? Nessuno. La questione, nel 1998, era se il suo amico acconsentiva o no, ma se la svedese acconsentiva o no non era un problema.

Quel film rispecchiava gli italiani? Non vorrei rispondere. Ma mi verrebbe voglia di rispondere che certo non rispecchia me. Del resto, in *Natale a Miami* le questioni fondamentali sono scopare, avere i soldi, divertirsi, mettere le corna. Tutto questo ruota intorno a una sola ossessione, a una sola finalità: le donne, in particolare le donne nude, anzi, piú in particolare e piú esattamente, la fica.

Quindi, adesso potrei pensare che il mondo dei film di Natale è finalmente il mondo piú lontano da me che esista, tanto lontano che non solo non incontro nemmeno una persona che conosco, ma non riesco a trovare nemmeno un elemento dentro di me che non avevo riconosciuto. E in fondo, stavolta, mi rilasso.

Poi mi viene in mente un settimanale che negli anni Novanta divenne il simbolo del popolo colto e ironico e intelligente di questo paese. Io e tutte le persone che frequentavo lo compravamo con devozione religiosa. Si chiamava «Cuore».

«Cuore» aveva nella sua ultima pagina una specie di concorso per i suoi lettori colti, ironici e intelligenti, dal titolo *Il Giudizio Universale*, che chiedeva di indicare le cose per cui vale la pena vivere. Divenne una rubrica molto famosa e molto citata. Al primo posto di quella classifica, praticamente dal primo all'ultimo giorno, c'era la fica.

E ho paura che se quella domanda la facessero a me e mi chiedessero di rispondere sinceramente, ma davvero sinceramente, anch'io direi «la fica». Quindi.

Un posto dove si può perdere tutto

Mia figlia Camilla ha sette anni. La sua amica del cuore, Stella, è nata una settimana prima di lei. Come dicono loro: «Ci conosciamo da appena nate» – e questa è sempre una discriminazione decisiva per chiunque altra ambisca a diventare la migliore amica di una delle due. Una volta, in vacanza, una bambina piú grande ricattò Camilla dicendo che se non avesse pronunciato la frase «sei tu la mia migliore amica», non l'avrebbe piú fatta entrare in casa sua. Camilla venne di corsa da noi, piangendo disperata, sperando che noi capissimo che lei non avrebbe potuto dire una frase del genere, perché la sua amica del cuore era Stella, visto che si conoscevano da appena nate. Noi eravamo molto orgogliosi della sua onestà. La bambina piú grande non la fece piú entrare in casa sua.

Camilla e Stella hanno due caratteristiche che renderanno questa gita un po' azzardata e un po' necessaria. Litigano spesso, come succede a tutti i bambini che stanno tanto tempo insieme: quando litigano la tensione si fa molto alta e tutti i tentativi di farle diventare ragionevoli sono inutili; dire che si devono voler bene perché si conoscono da appena nate, o formulare ipotesi sommamente democratiche – tipo: fate una volta per uno, ci gioca un po' l'una e un po' l'altra – le rende ancora piú rabbiose.

La seconda caratteristica è che sono, diciamo, delle piccole intellettuali. Mi spiego: qualche tempo fa siamo andati

a Parigi, io Camilla e la mamma. Avevamo solo tre giorni e
in qualche modo bisognava fare una scelta tra vedere Parigi e
andare a Eurodisney. Camilla ha detto che lei voleva andare
a Parigi perché lí ci sono i quadri di Monet. Stella ha detto
che condivideva la scelta della sua amica.

Quando racconto questa cosa, mi affretto sempre a fare delle precisazioni, perché le persone a cui la racconto mi
sorridono come per dire: che bambina intelligente, che pre-
cocità, che pensieri meravigliosi... e intanto giustamente
valutano se chiamare la polizia per far arrestare dei genitori che seviziano una povera bambina inculcandole una serie
di pensieri imposti fino a farle il lavaggio del cervello. Dico
«giustamente», perché quando Camilla parla di Monet, io
un po' mi vergogno. Un po' mi fa piacere e un po' mi vergogno. Però se devo dire cosa prevale, prevale la vergogna.
Allora preciso: io non c'entro.

Ed è vero. Non è colpa mia e nemmeno della mamma. A
scuola, quest'anno, hanno fatto un bellissimo studio su Monet, hanno guardato un film, hanno ascoltato racconti sulla
sua vita, hanno visto e analizzato i suoi quadri. Cosí Camilla
e Stella, che sono anche compagne di scuola (per stare sempre insieme e avere piú possibilità di litigare), hanno svilup-
pato un tale amore per Monet che è finita che Camilla, tra
Eurodisney e Monet, ha preferito Monet e Stella si è racco-
mandata, visto che andavamo a Parigi, di andare a vedere le
ninfee di Monet.

In fondo, la funzione degli adulti nei confronti dei bambini è sempre quella di creare un equilibrio tra le cose del
mondo. Mia figlia, che nel museo Marmottan di Parigi, davanti a venti ninfee di Monet, mi spiegava come lui dipin-
gesse gli stessi quadri in diverse ore del giorno, cosí i quadri
erano sempre diversi perché la luce che cambiava li rendeva
diversi anche se erano uguali, mi faceva sorridere pensando
a quanto fosse sensibile e intelligente, ma mi faceva anche
venire voglia di chiamare la polizia e mandarla a scuola per
interrogare a lungo le maestre.

Cosí, ho pensato che un sano megaparcogiochi potesse riequilibrare la situazione. Sono andato a prendere Camilla e Stella a scuola e siamo partiti in auto per Mirabilandia.

Ho prenotato al Jolly Hotel di Ravenna, segnalato sul sito di Mirabilandia tra quelli che offrono, oltre alla stanza, anche il biglietto per il parco. In questo modo, ho anche portato le due intellettuali, alla sera, davanti al sepolcro di Dante, ma non hanno detto che preferivano Dante a Mirabilandia – anche se avevano ancora solo una vaga idea di Mirabilandia (e vaghissima di Dante). Poi siamo andati a cenare in un ristorante del centro dove il cameriere ha detto: «E a *queste* cosa gli facciamo mangiare?», e *queste* si sono molto offese e non hanno piú rivolto la parola al cameriere, e al ritorno era fra i primi tre episodi che raccontavano. In albergo hanno sistemato e personalizzato la loro stanza, molto orgogliose di averne una tutta per loro, e si sono messe nello stesso letto a scrivere le impressioni della giornata di viaggio. Hanno discusso su parecchie cose, io dalla mia stanza che comunicava con la loro attraverso un piccolo corridoio cercavo di mediare con calma dicendo «dovete stare bene, vi volete bene e non dovete litigare, fate una volta per uno», sortendo pochi effetti. Però loro erano brave e abbastanza contente per chiudere le discussioni senza litigi epocali.

Al mattino abbiamo fatto una colazione pazzesca, dolce e salata, con cornetti, toast con la marmellata, tacchino, uova strapazzate, latte, aranciata, cornflakes, torta di mele e tutto quello che c'era. Poi siamo andati.

Mirabilandia non è soltanto un parco giochi, è una località vera e propria. C'è un cartello marrone che dice «Mirabilandia, località del comune di Ravenna». È su una strada provinciale dritta come lo sono le strade della pianura padana, stretta, a due corsie minuscole – ma nel tratto che va dal cartello «Mirabilandia» al cartello «Mirabilandia» barrato in rosso per dire che la località del comune di Ravenna è fi-

nita, c'è una strada di circa un chilometro, direi, che sembra
una megaarteria di un megasvincolo americano: tripla corsia,
svincoli, strade ampie e segnaletica nuovissima. Poi ricomincia subito la triste e vecchia strada provinciale a due corsie
minuscole. Come se il prima e il dopo Mirabilandia fosse trascurabile, come se lí dentro, in quella contea, la vita avesse
un ritmo improvvisamente diverso.

Le prime due cose che si vedono sono la ruota panorami-
ca, gigantesca, visibile già da molto lontano, che ha al centro
una grande scritta «Motta Nestlé»; e poi, annunciato da una
serie di avvisi di avvicinamento (a 2 km, a 1 km, a 800 metri,
a 500, 300, 50) una specie di megaMcDonald's che sembra un
grande autogrill ma senza le pompe di benzina davanti. Tutto il
resto è alle sue spalle: l'ingresso, il parcheggio e Mirabilandia.

Un impatto del genere farebbe impazzire una buona fet-
ta della popolazione impegnata mondiale. Anch'io potrei almeno far finta di indignarmi, ma la verità è che ogni volta
che esco fuori dalle mura della mia città mi sento perso nel
mondo – e qui in mezzo alla campagna con due bambine, di
fronte a un luogo gigantesco che non conosco, mi sento impaurito e disperso. E il potere che esercita su di me l'inse-
gna di McDonald's è un potere ayurvedico-zen-yogico-lexo-
tanico: mi tranquillizza. Se sono in un luogo dove c'è anche
il McDonald's, non sono fuori dal mondo e tutto è riconoscibile; se mai qualcosa dovesse spaventarmi, c'è un luogo
dentro cui rifugiarmi, sia fisicamente sia spiritualmente: se
sale l'angoscia, io posso sedarla sentendo sotto il palato il sapore inconfondibile e artificiale di un cheeseburger e di una
Coca-Cola annacquata da acqua e ghiaccio, e di patatine che
si piegano su se stesse come se una vecchiaia improvvisa si
fosse abbattuta su di loro – se posso sentire tutto questo, io
non sono perduto. E con la responsabilità di due bambine
di sette anni, vi assicuro che non è poco.

Ho parcheggiato la mia macchina dove i parcheggiatori
indicavano, cioè accanto ad altre auto che come la mia stava-

no entrando e riempivano un posto dopo l'altro – in un modo pressappoco di questo tipo: che nel tempo in cui mi sono fermato, ho spento il motore e sono sceso, almeno altre venti auto avevano già parcheggiato e altre ancora stavano arrivando a riempire già la fila successiva. Sono le dieci e cinque, e Mirabilandia ha aperto alle dieci. Quando chiuderà, alle diciotto, noi saremo nel piazzale da circa venti minuti a cercare la macchina che non troviamo piú. Non solo, ma io compro sempre macchine che a nessuno può venire in mente di rubare. Stavolta una Kia Carens verde bottiglia, esemplare che credevo unico in Italia fino a quando non ne ho trovato uno identico nel parcheggio gigantesco di Mirabilandia, una Kia Carens verde bottiglia davanti alla quale sono rimasto dieci minuti a premere il pulsante dell'apertura automatica e poi ho tentato di scassinarla in tutti i modi senza avere mai il sospetto che non fosse la mia. Lo sconcerto è stato totale – non credevo esistesse un'altra Kia Carens verde bottiglia – e sono rimasto a lungo indeciso se aspettare o no il proprietario della mia auto gemella, credo che lui avrebbe voluto conoscermi quanto avrei voluto io, avremmo potuto scambiarci i numeri di telefono e un giorno chissà – ho sognato – saremmo potuti andare a fare una gita insieme con le nostre due Carens identiche. Ma Camilla e Stella erano molto stanche e preoccupate per la nostra macchina a cui incautamente non avevo preso le coordinate prospettiche rispetto all'ingresso quando sono arrivato (errore che si paga sempre), e adesso sapevo solo che stava alla destra di Mirabilandia, in mezzo a migliaia di auto.

Quando alla fine l'abbiamo trovata, ci siamo resi conto che ormai era ben oltre l'orario di chiusura, la gente usciva a fiotti e la maggior parte si aggirava per il parcheggio grattandosi la testa e guardandosi intorno con aria sfiduciata, come se fossero già rassegnati al fatto di aver perso la macchina.

C'è una fila abbastanza lunga davanti alla biglietteria, ma non ci riguarda. Noi abbiamo il biglietto *all-inclusive* dell'ho-

tel. Quindi andiamo all'ingresso, dove una ragazza prende
dalle mie mani il biglietto e lo fa passare attraverso la macchinetta che convalida e fa scattare la barra per far passare
una sola persona, come negli ingressi della metropolitana.
Però nella metropolitana lo facciamo da soli, qui la signorina
all'ingresso, con una polo con scritto Mirabilandia, non si fida
di noi. Mi guardo intorno e vedo che c'è già una quantità di
gente incredibile. Superata la barriera, ci troviamo di fronte
all'entrata di un castello, un vero castello delle fiabe, con un
clown davanti che dà la mano ai bambini che affluiscono. Prima di entrare non rinuncio a fare una foto alle bambine con
la testa infilata dentro il corpo di un pirata. Poi mi chiedo
perché dovrei rinunciarci io, cosí metto la mia macchinetta
digitale in mano a un passante e mi faccio fotografare con la
testa nel corpo del pirata. In queste situazioni è molto bello
vedere come ognuno non solo è disponibile a fermarsi e fotografare sconosciuti con le macchinette loro, ma in qualche
modo se lo aspetta. Tutti noi che giriamo in posti affollati e
molto fotografati abbiamo questa disponibilità totale a fotografare gli altri, a inquadrarli come vogliono loro, a scattare
e riconsegnare sorridendo, sapendo in modo biblico che se lo
faremo per gli altri, sorridenti e disponibili, allo stesso modo
gli altri lo faranno per noi.

Ancora prima di entrare, quindi, mi rendo conto che c'è
un'enorme quantità di gente che sta entrando con noi, la piú
disparata. Quando sono sceso dall'auto, ho visto una scena da
film: tutti, io e altri cinquanta esseri umani, abbiamo simul-
taneamente aperto il portabagagli e tirato fuori zaini o borse
o altro; da tutte le auto sono scesi uomini, donne, bambini.
E l'impressione che ho avuto, di tutti noi, importante o trascurabile che sia, è che siamo molto colorati. La quasi totalità ha una tenuta che denota grande esperienza: bermuda o
pantaloni leggerissimi, costumi interi e sopra una gonnellina
leggera, molti marsupi, molti zaini e magliette di ogni colore
con le scritte piú disparate, come succede sempre in estate
quando ci si scatena: «Arizona University» o «Sono bello?»,

«U-Boot» o «I love» qualcosa, «Che guardi?», «Emporio Armani», «It's play time», «Golden State Warriors», la maglia di Totti e un bambino con la maglia di Buffon della Juve, «Toronto Maple Leaps», «Beeep», «5 6 7 s.t.e.p.s.» e altro. Anche noi abbiamo i costumi sotto i vestiti, ma non abbiamo una tenuta marina omologata. Il costume l'avevamo portato con giudizio, ma quando abbiamo chiesto consiglio alla receptionist dell'hotel, la quale mostra di avere molta dimestichezza con Mirabilandia, lei guardandoci scuote la testa e mi consiglia di portare almeno uno zaino con maglietta e mutande di ricambio, «perché vi bagnate». Ma io lo zaino non ce l'ho. Quindi sarò l'unico che girerà per Mirabilandia con una busta abbastanza elegante del Jolly Hotel di Ravenna, dove le bambine ficcheranno qualsiasi oggetto. Incontrerò veneti, piemontesi, milanesi, romagnoli ovviamente – molti romani e moltissimi napoletani. Alcuni romani sono partiti la mattina presto e torneranno la sera tardi. Una signora filippina con quattro figli è partita all'alba da Roma e lo fa, ha detto, almeno una volta ogni tre mesi, perché si diverte molto. Incontrerò perfino due americani molto concentrati a fotografare i vari giochi e secondo me a confrontarli con un Disneyworld delle loro parti – oppure sono qui perché questo è l'unico posto in Italia che gli ricordi casa. Soprattutto, con mia grande sorpresa, non ci sono soltanto genitori e figli, come avevo immaginato. Non ci sono soltanto famiglie che sono venute qui per far divertire i figli. No. Ci sono tantissimi gruppi di giovani, intere compagnie oppure coppie adulte che prendono la cosa molto seriamente. Non è un mondo – ripeto, non sapevo niente, sono venuto a vedere apposta – costruito solo per i bambini; niente affatto. Anche per gli adulti, che sono tantissimi, adolescenti o attempati; e hanno tutta l'aria di volersi divertire molto.

Ecco cosa sento, subito. Sento che non ci sono fraintendimenti. È come se la vita intera fosse una strada faticosa e stretta, vecchia, a due sole corsie minuscole su cui bisogna stare molto attenti se si vuole fare un sorpasso. Ma poi qui, in questo pezzo di terra, la strada si allarga e accoglie morbidamente chiunque voglia essere accolto e non pensare a se stesso e alla vita. Non ci sono fraintendimenti. Questa si chiama Mirabilandia, paghi un biglietto d'ingresso e poi fai quello che vuoi, ma l'unico genere di cose che ti trovi di fronte sono cose che servono a farti divertire. Non ci sono fraintendimenti. Al limite, ci si può porre domande sulle modalità del divertimento, ma non sul fatto che qui non bisogna fare altro che divertirsi. E questo mette sulle facce di tutti un'espressione cosí rasserenata, disponibile e, perché no, beatamente istupidita, che è davvero stupefacente.

Quando oltrepassiamo l'entrata del castello, ci ritroviamo in un piazzale che è sia sorprendente sia in qualche modo riconoscibile: sono tutte casette basse e colorate, con alberi al centro, una cosa a metà tra le città delle favole (giusta conseguenza dell'entrata di un castello) e la piazza dove ogni volta il servo muto porta il cavallo a don Diego de la Vega che, trasformatosi in Zorro, vola giú da un balcone per cadere perfettamente sulla sella e partire alla salvezza di chiunque.

La reazione di Camilla e Stella a questa visione – che per loro è essere entrate dentro la città delle favole, non di Zorro – è opposta (loro due, in modo democratico, appunto, si dividono anche i tipi di reazioni – «fate una reazione per uno»): Camilla continua a pronunciare frasi di stupore, a commentare e indicare tutto ciò che vede, a spiegare che tutto sembra la favola di Biancaneve o di Barbie Raperonzolo o cos'altro; Stella invece è ammutolita. All'improvviso, capisco cosa sta pensando, e al suo posto sarei ammutolito anch'io: finora, sta pensando, io stavo in un mondo e le favole in un altro, e per me era chiaro; mi piacevano le favole e i personaggi e i paesini con le case cosí, nei cartoni animati; e le Cenerentole, le Biancaneve e le Barbie Raperonzolo che si muovevano dentro; ma loro erano dentro il televisore o dentro lo schermo cinematografico o dentro il libro, e io ero fuori, a casa mia o nelle poltrone del cinema. Io da una parte e loro dall'altra. Come mai adesso mi ritrovo dentro questa roba qui? Come mai comincio addirittura a vedere a grandezza naturale dei pupazzi che finora vedevo su uno schermo o in un'illustrazione, e adesso sono qui davanti a me e vogliono stringermi la mano e mi propongono di fare foto? E se ci sono le casette delle favole e i personaggi delle favole, ci saranno anche i draghi, le streghe e i lupi cattivi?

Questo, Stella non l'aveva previsto. A lei piacciono molto le storie, come del resto a Camilla; ma Camilla in qualche modo sta trovando meno strano il fatto di trovarsi dentro quel mondo che fa parte delle storie; Stella invece lo sta trovando molto ma molto strano. Si stringe a me, ammutolisce e comincia a guardare con aria preoccupata tutto: le casette, gli altri bambini, i pupazzi che stanno con noi, un pirata che in piedi su una cassa di legno sta annunciando il programma, le canzoni che fanno rime sceme e simpatiche per i bambini. A Stella tutto questo piacerebbe molto, a guardarlo da fuori, ma non aveva previsto di ritrovarcisi dentro. Non se l'aspettava. E infatti rifiuta nettamente di farsi la foto con il papero Mike o il cerbiatto che è la mascotte di Mirabilandia, che l'ottanta per cento di bambini e genitori mostra di riconoscere come se fosse Braccio di Ferro. Si guarda intorno preoccupata e mi stringe la mano come per dire: non mi abbandonare.

Non la abbandono. Aspetto che pian piano si abitui e metta a fuoco che queste non sono le favole ma una rappresentazione delle favole fatta da esseri umani come noi, e quindi non c'è nulla di preoccupante.

Le casette, a dirla tutta, e senza voler minimizzare l'impatto o violentare con cinismo le reazioni opposte delle bambine, sono dei contenitori. Il contenuto è ogni volta segnalato su insegne in stile favola antica, pergamene colorate in cima alla porta: bar, caffè, gadget, ristorante, infermeria, informazioni, negozio fotografico. All'apparenza è tutto fiabesco, ma nella sostanza è tutto molto concreto. La stessa serie di punti

di ristoro e stampa foto e negozi di gadget costella ogni angolo di Mirabilandia: la brochure dice «16 ristoranti & bar,
14 negozi». Sono tanti, e sembrano anche di piú, perché in
qualsiasi posto vai ti ritrovi sempre davanti a un ristorante,
un bar o un negozio.

Qui la situazione è la seguente: con un solo biglietto da
23,50 euro fai tutti i giochi che vuoi. I bambini pagano 18
euro e c'è tutta una serie di questioni riguardanti l'altezza
da considerare: in pratica, sotto i centocinquanta centimetri si paga 18, sotto i cento centimetri c'è l'entrata gratuita,
oltre una certa età (quindi anche se sei molto basso) o certi
centimetri si paga il biglietto intero. Ci sono misuratori d'altezza a ogni ingresso e anche davanti a ogni attrazione, per
fare una discriminazione di pericolosità. Ho assistito a una
famiglia che metteva i tre figli accanto al tabellone bianco
dove all'altezza di un metro c'è il segnale rosso. Un bambino era lí lí ma la responsabile ha detto: vabbè, lui non paga;
il fratello anche era lí lí, ma un poco poco piú alto e per un
concetto democratico che può andar bene a tutti (e infatti è
andato bene a tutti) la responsabile ha detto: e no, lui paga.
Poi il padre ha fatto il gesto tra il pleonastico e il disperato
di misurare la figlia piú grande, ma è stato un attimo, l'ha
avvicinata al tabellone e poi l'ha allontanata, senza che né
la ragazzina, né lui o la mamma, né la responsabile avessero
bisogno di scuotere la testa o guardarsi negli occhi – chissà,
avrà pensato il padre, può succedere qualsiasi cosa qui, in
fondo siamo a Mirabilandia, lo dice la parola stessa, in fondo
potrebbe essere come uno di quei giochi di magia di quando
eravamo piccoli, quelli della scatola dei giochi di prestigio
di Silvan, in cui c'erano due cartoncini a forma di parentesi,
con un coniglio disegnato sopra, ed erano di misura identica, eppure qualsiasi dei due mettessi all'esterno risultava piú
grande (o piú piccolo, non ricordo). In fondo, non è cosí che
ci comportiamo quando non troviamo qualcosa e continuia-
mo ad aprire il portafogli come se non l'avessimo mai aperto
e per miracolo siamo convinti che la patente adesso ci sarà,

quando non funziona il gas e però di nuovo quasi in trance rigiriamo cento volte la manopola come se all'improvviso potesse funzionare? Crediamo sempre in qualcosa di irrazionale, e allora perché non provare, cosa costa, a mettere la figlia piú alta davanti al misuratore e vedere cosa succede?

Il trucco c'è, e per carità, è legittimo. Tutti i bambini al di sotto di un metro possono entrare gratis ma praticamente tutte le esperienze piú belle sono proibite ai bambini al di sotto dell'uno e venti. Quindi a tutti i bambini che non pagano sono negate un bel po' di cose, e anche ad alcuni di quelli che pagano. Possono assistere a uno spettacolo, possono trascorrere il tempo a «Bimbopoli»; possono chiedere da bere e da mangiare, possono farsi fare dei regali. Il trucco infatti c'è anche rispetto all'ingresso con biglietto unico – no, dire che è un trucco è illegittimo, è qualcos'altro che non saprei definire se non dichiarando che pur avendo il biglietto compreso nel prezzo della camera d'albergo e pur avendo ammortizzato un bel po' della spesa pesando sul prodotto interno lordo della colazione mattutina che tra tutti e tre abbiamo consumato quanto il costo di diciotto altri ospiti dell'albergo, a Mirabilandia ho speso una grande quantità di soldi tra parcheggio, gettoni per giocare con navi o auto telecomandate, hot dog, patatine, gelati, Coca-Cola, acqua, fotografie di noi che ci fiondavamo giú da discese pazzesche, penne che quando scrivi si accendono in cima di una luce rossa che illumina la «M» di Mirabilandia, la borraccia di Mirabilandia, la rubrica di Mirabilandia, le magliette di Mirabilandia, il regalo per il compagno di scuola che fa una festa il giorno dopo – un piccolo ventilatorino di Mirabilandia, adatto ai bambini fino a quando uno di loro non avrà la tentazione (che avrà di sicuro, perché ce l'ho già io adesso mentre la signorina ce lo mostra) di mettere il dito in mezzo alle minuscole palette che girano vorticosamente e appena dopo trovarselo mozzato; spiegazione che ho dato con dolcezza mista a particolari agghiaccianti alle due bambine, e mi sembra che alla fine della mia descrizione delle controindicazioni del ventilatorino fossero ancora piú convinte di prenderlo. Alla fine, con quella vigliaccheria tipica degli adulti che non ce la fanno a dire di no soprattutto perché non ce la fanno a pensare di stare lí un'altra mezzora a discutere sul perché no e a scegliere infine un altro regalino, ho detto: va bene, a patto però che nel dare il regalo avremmo tutti avvertito l'amichetto di non mettere il dito in mezzo alle minipale, una cosa che serve a pulire un po' la coscienza e a dire dopo, quando il bambino avrà il dito mozzato, che noi lo avevamo avvertito (sia ai genitori sia all'eventuale pubblico ministero). E un sacco di altre cose che non ricordo piú; ricordo solo che dovevo sempre comprare anche all'altra quel che compravo all'una (oppure dicevo: fate un po' per uno), che tiravo fuori continuamente soldi e che dicevo ogni volta: dopo questo, basta. E avevo davvero l'impressione che le bambine ci credessero.

Bisogna anche dire che il biglietto di Mirabilandia è valido per due giorni. Cioè c'è questa offerta fissa che se entri a pagamento oggi, domani potrai entrare gratis. In pratica all'uscita mostri il biglietto a delle hostess in uno stand apposito e loro ti infilano un braccialetto con cui sei autorizzato a entrare gratis il giorno dopo. Questa è evidentemente una strategia del turismo alberghiero-gastronomico-perché-no-culturale delle città intorno, che non risolve il problema economico del visitatore ma lo aggrava, però è una strategia non solo furba, anche intelligente.

La prima «attrazione» – qui si chiamano cosí, e a dire il vero risolve il problema linguistico, perché io non avrei saputo come chiamarle, avrei detto «giochi» ma sarebbe stato impreciso: se dicono attrazioni, va bene attrazioni – la prima che facciamo si chiama «Delirium». Mentre cerchiamo di capire di cosa si tratta, vediamo una lunga fila e capiamo che ci tocca farla. Un napoletano che ha appena fatto il «Delirium», passando accanto alla nostra fila dice, con grande capacità di sintesi: è 'na strunzata. Una frase definitiva e condivisa dal 99,9 per cento dei visitatori di Mirabilandia. Tranne me.

In altri luna park credo ci sia un polipo con dei tentacoli, qui si tratta di un grande tronco con dei rami, sulla punta dei quali siamo seduti noi. Il polipo muove i tentacoli, qui forse i rami sono idealmente mossi dal vento, se proprio bisogna trovare una logica; comunque il concetto è lo stesso: questi bracci cominciano a girare sempre piú veloci, a salire e a scendere all'improvviso. 'Na strunzata, appunto. Che è durata anche poco. Stella e Camilla si sono divertite. Io, se devo dirla semplicemente, mi sono cagato sotto.

Avevo in viso un sorriso stampato per rassicurare le bambine che intanto si divertivano e urlavano e ridevano ed erano davvero esaltate – se fossero state coscienti di ciò che intendevo io nel portarle qui per ritrovare un equilibrio tra «alto» e «basso» avrebbero anche potuto urlare, non credendoci, ma solo per esprimere l'esattezza dell'evento in corrispondenza della loro età: vaffanculo a Monet! Ma non l'hanno fatto.

Mentre io avevo sempre piú paura. Ma davvero paura. L'ho sentita quando il «Delirium» è partito e ha cominciato a prendere velocità, quando ha cominciato a portarci troppo in alto e poi a scendere all'improvviso. Ho pensato che adesso saremmo morti, tutti e tre, che la gabbia si sarebbe aperta e saremmo volati via nel vuoto, tutti e tre. Una cosa che sarebbe accaduta entro cinque secondi, o dieci, o venti – non di piú. Di lí a poco, si dice; ma adesso era di lí a pochissimo.

E mi sono ricordato all'improvviso, come se l'avessi rimosso in tutti questi anni, che io ho sempre avuto *cosí* paura sulle «attrazioni» al luna park. Mi sono ricordato di quando andavo a Edenlandia a Napoli con gli amici o al Luneur a Roma. Mi sono ricordato di quando sono stato sulla mia prima e ultima montagna russa; mi sono ricordato di quando sono andato per la prima e ultima volta su una di quelle navi che cominciano a ondeggiare prima piano e poi sempre di piú fino ad andare in alto, molto in alto, da una parte e dall'altra, di come ho pianto senza ritegno urlando basta e pregando Dio, la Madonna, Gesú e tutti quanti. I miei amici si spaventarono nel vedere le mie condizioni quando la nave si fermò. Poi

sono andato con Camilla un paio di volte al Luneur a Roma,
da quando è nata, ma l'ho messa sul cavallo delle giostre o
abbiamo tirato una pallina da ping-pong in una vaschetta e
ci siamo portati a casa un pesciolino rosso e lo abbiamo fatto
morire pochi giorni dopo. Non altro.

Mi sono ricordato che ho paura. Anche gli altri hanno
paura, ma è questo che a loro piace. A me no.

Anzi, adesso che mi sono ricordato del mio rapporto con
i luna park posso finalmente parlare di una cosa che non ho
mai capito, e una giornata intera in un posto perfetto come
questo – la versione esponenziale dei luna park che è Mirabilandia – non mi aiuterà affatto a capirla, e me ne andrò con
la stessa domanda inevasa che dovrò tenermi per tutta la vita: perché la gente ha cosí voglia di provare paura, di sentirsi
male, di impallidire e vomitare? Perché la gente si fa legare
su una sedia, si fa tirare su a un'altezza di trenta piani e poi
si fa buttare giú a velocità enorme? Perché persone normali
si fanno terrorizzare da scheletri o urlare all'improvviso da
vampiri, perché salgono e scendono come in un mare forza
dieci fino a sentire un dolore insopportabile allo stomaco?
Io sono abbastanza sicuro che questa sensazione di dover
morire in modo orribile entro venti secondi, che provo io,
è la sensazione che prova ogni altro essere umano che sulle
montagne russe pensa adesso il trenino non riesce a fare la
curva perché va troppo veloce e andrà dritto nel vuoto e noi
ci schianteremo al suolo da un'altezza impressionante a una
velocità impressionante.

Ma da queste cose uno non dovrebbe difendersi, scappare? Perché se chiedono: vuoi andare a fare un giro in biciclet-
ta o vuoi andare su una torre dove all'improvviso ti buttano
giú fino quasi a schiantarti al suolo e ti senti male, la quasi
totalità delle persone sceglie senza esitazione la torre? Non
bisognerebbe sperare che certe cose nella vita non accadano
mai? Non si dovrebbe dire: non andiamo da quella parte,
perché lí c'è una località che si chiama Mirabilandia dove ti

mettono su dei trenini e ti fanno andare a testa in giú, ti ter-
rorizzano al buio e ti buttano giú da uno scivolo alto trenta
metri, ti bagnano tutto, ti fanno venire da vomitare e ti ter-
rorizzano? Non dovrebbe andare cosí?

A quanto pare, è il contrario. Mirabilandia non è un luogo
terribile che già esisteva, ma è stato creato apposta, in questo
caso è stata creata addirittura una nuova località all'interno
di un comune, ed è il luogo del divertimento per eccellenza.
E divertirsi è provare terrore, essere sicuri di morire entro
venti secondi e spaventarsi alla vista degli scheletri.

Tutte queste cose io le ho pensate dopo aver fatto il «Delirium» che, ripeto la frase sintetica, è 'na strunzata.

Per questo motivo ho comprato un sacco di roba da mangiare, per tenere buone le bambine (consigli per i genitori:
se volete fare qualcosa che piace a voi e non volete essere di-
sturbati, dovete comprare ai figli un sacco di cose schifose da
mangiare oppure metterli davanti alla televisione – o tutt'e
due le cose insieme; sia chiaro, è diseducativo, ma avete un
po' di tempo per fare i cazzi vostri), e mi sono messo seduto accanto all'uscita dalle montagne russe piú pazzesche che
abbia mai visto – ma il mio giudizio non conta, il mio metro
di paragone non conta, perché tutte le montagne russe mi
sembrano pazzesche. Solo che queste lo sono davvero.

Per arrivarci, bisogna attraversare una città maya intera. Ovviamente, i resti di una città maya. Perché uno può
pensare: visto che l'hanno rifatta da capo e per finta, la potevano fare intera, com'era ai tempi dei Maya. Ma una città
maya integra non la riconoscerebbe nessuno. Noi sappiamo
riconoscere solo «i resti di una città maya». Anzi, in qualche
modo sospettiamo che i Maya non vivessero in città maya
ma già nei resti delle città maya. Le costruivano cosí, come
già rotte. C'era questo tipo di architettura che si può definire ultradecadente all'epoca maya: si costruiscono città che
sembrano postume o bombardate o seppellite per millenni,
come se un tempo fossero state integre e prospere. Un mo-

nito filosofico di grande spessore sul rapporto col tempo – si sa, i Maya non erano dei fessi.

E cosí qui hanno costruito i resti di una città maya, proprio come facevano gli architetti maya, con grandi scalinate che portano a un'entrata che affaccia sul nulla, resti di palazzi e resti di tutto. Rovine e rovine; credo non si differenzi in nulla dai resti veri di una città maya, tranne che per due cose – anzi tre: la terza è che è in provincia di Ravenna. La prima differenza è che qui c'è un «Mayan Shop», dove si vendono gadget maya e del resto di Mirabilandia. Ma a pensarci bene, sono abbastanza sicuro che ci sia un «Mayan Shop» anche nei resti veri della città maya (non originale, ma fondato ai giorni nostri). L'altra differenza, inconfutabile stavolta, è che in mezzo alle rovine maya della provincia di Ravenna passano delle specie di binari che si contorcono come un lunghissimo serpente e poi si perdono all'orizzonte. Questa è la montagna russa pazzesca di cui vi parlavo, in cui la gente viene messa praticamente appesa ai binari e sale e scende da altezze inimmaginabili a velocità inimmaginabili, fa svariati giri della morte e capitomboli e quant'altro, con la testa e le spalle ferme e il resto del corpo libero nel vuoto. Se volete sapere cosa si prova lassú, mi dispiace, ma bisogna che vi troviate un altro libro, non questo.

Poiché ricordo perfettamente il mio terrore quando sono sceso dall'unica piccola montagnella russa della mia vita (con le gambe che hanno continuato a tremarmi per decine di minuti e il viso grigio), mi sono piazzato all'uscita di questa superpazzesca montagna russa per osservare, con scrupolo scientifico, le reazioni.

E le reazioni sono quelle che mi aspettavo – la mia teoria è confermata. Tutti si comportano esattamente come mi comportai io tanti anni fa. Le facce bianche di terrore, le gambe che tremano, la nausea e per qualcuno conati di vomito. Una scena che sembra quella di gente scampata a un disastro aereo. L'unica differenza, rispetto alla mia uscita e al disastro aereo, è che sono evidentemente raggianti. Hanno le facce bianche di terrore e sono raggianti, hanno le gambe che tremano e sono raggianti, hanno conati di vomito e sono raggianti. Anzi, i piú raggianti sono quelli che stanno peggio. Alcuni (pochi, a dire la verità) escono abbastanza in sé e sembrano delusi.

Quanto piú stanno male, tanto piú ridono e si indicano l'un l'altro per dire: ma lo vedi quanto stai male? E tu allora? E poi, appena il fiato è tornato, appena torna un po' di colore sul viso, comincia la fase successiva, immancabile; le descrizioni epiche dei momenti piú terrorizzanti (e quindi divertenti): ti ho guardato mentre facevamo il giro della morte, avevi gli occhi sbarrati, e perché tu che mi hai stretto la mano, non è vero, è vero, comunque è pazzesco sembra veramente di volare, io ho detto è finita sono morto (lo vedi che anche loro pensano di essere sul punto di morire?), io stavo morendo dalla paura. Andiamoci di nuovo, subito.

È una scena divertente, anche per me che non riesco a capire perché la gente adori stare cosí male.

In ogni piazzetta che ogni tanto compare alla fine di una stradina e che fa da incrocio con altre stradine, c'è una mappa che indica sia dove ci troviamo sia i luoghi degli spettacoli e gli orari. Il programma prevede che ogni spettacolo si faccia due volte, alla mattina e al pomeriggio: noi ci appuntiamo *Scuola di polizia*, che le bambine vogliono assolutamente vedere forse perché è l'unico titolo che ha un senso per loro; dice il programma che alle 12 e 30 ci sarà «un entusiasmante set cinematografico dove abili e coraggiosi *stuntmen* si esibiscono in spericolate evoluzioni in auto e in moto»; e ci segniamo anche *Italian Baywatch*: «Tuffatori di fama internazionale si cimentano in una serie di acrobazie, lanciandosi impavidi da trampolini alti fino a 25 metri» – ma da *Italian Baywatch* ce ne andremo dopo dieci minuti, nel tardo pomeriggio, ormai saturi di spettacolarità; i tuffatori che si lanciano da piattaforme alte trenta metri in una piscinetta rotonda, facendo capriole e altre contorsioni, ci annoiano.

Poi c'è *Fanny' & Friends*: «A tutti i bambini! Fanny', la nuova mascotte di Mirabilandia, vi aspetta fra le "Rocce Incantate" per presentarvi i suoi nuovi ospiti». Lí ci siamo andati un po' e Fanny' ci ha presentato una coppia un po' anziana (non so se di fama internazionale) che faceva fare esercizi a un barboncino grigio, una cosa che non avevo mai visto dal vivo ma solo in alcuni film muti degli anni Venti, comici, in cui da queste situazioni scaturivano eventi esilaranti, oppure in film molto tristi che facevano capire che la coppia in questione era povera e desolata e tutti aspettavano qualche evento risolutore (che non arrivava mai). Insomma, credevo che questa storia del barboncino che salta dei piccoli ostacoli a comando e poi torna su una sedia a prendere gli applausi dei bambini fosse un'invenzione cinematografica che non esisteva nella realtà. Invece esiste. Ed è tristissima proprio com'era intenzionalmente triste nei film. E anche i bambini applaudivano perché era il momento di applaudire, ma non erano contenti. Camilla e Stella alla fine hanno camminato in silenzio per un po', poi sono state distratte da una nuova attrazione e io mi sono guardato bene dal commentare i giochini con il barboncino.

Gli altri spettacoli previsti sono:

Incontro con le Mascotte: «Vieni a conoscere le vere celebrità del parco. Ti aspettano Mike, Otto, Camillo e Arturo, le nostre simpatiche mascotte, per firmarti un allegrissimo autografo». Abbiamo lasciato perdere.

Pirati: «Grandi acrobazie nella "Baia dei Pirati". Capitan Uncino e la sua ciurma si sfidano per conquistare la loro bella». Qui sono stato io a evitare di andare, dopo aver visto *Scuola di polizia*, perché ho avuto una specie di premonizione – quando le bambine hanno insistito, ho inventato che non lo facevano piú perché c'era stato un problema con la nave dei pirati che aveva avuto dei guasti meccanici e quindi già da un paio di mesi lo spettacolo era annullato e sarebbe ripreso nel 2008, forse (sono molto bravo a inventare storie convincenti per mia figlia e la sua amica, e sono molto credi-

bile visto che loro subito ci credono e dicono in modo commovente: ma nel 2008 ci torniamo? E io, che potevo pure
dire sí, visto che ero commosso, ho risposto con orgoglioso
cinismo: vediamo).

La premonizione che ho avuto – e continuo a credere di
avere ragione – è che *Pirati* sarebbe stato interpretato dagli stessi attori di *Scuola di polizia*, la stessa ragazza carina
e gli stessi *stuntmen*; o addirittura qualche tuffatore di fama
internazionale che rifaceva gli stessi tuffi dell'*Italian Baywatch*, lanciandosi impavido però stavolta con la benda nera
sull'occhio e una finta cicatrice sul viso. Non l'ho verifica-
ta, la mia premonizione, ma l'ho sentita inevitabile e quindi
non ce l'ho fatta.

E in piú, contesto un po' l'onnipresenza di Capitan Uncino in ogni cosa che abbia a che fare con i pirati. Mi sta simpatico, Capitan Uncino, ma trovo che sia sopravvalutato:
sembra quasi piú importante di Peter Pan. E in fondo, un
pirata ha dei segni riconoscibili da tutti, anche dai bambini,
e ci sarebbero molti altri pirati a cui fare riferimento: che
bisogno c'è di mettere sempre in mezzo Capitan Uncino per
poi fare un insensato uncino di cartapesta o cos'altro e infi-
larlo a fatica sulla mano di un poveretto? (Scusate lo sfogo,
ma ci tenevo a dirlo).

E poi ci sono ancora spettacoli che non abbiamo neanche preso in considerazione: *Mayan Show* («Nell'area maya,
fuoco, danze e acrobazie per celebrare il Rito della Rinascita
del Sole»), il *Rap Time*, il *Cinema 4 dimensioni*, il *Caos latino*
(un altro modo di definire i soliti balli latini di gruppo) e un
iperinconsistente spettacolo dei *Blues Brothers* (che potevano
essere, nell'ordine: i rapper, Capitan Uncino, i poliziotti, i
tuffatori e le nuove mascotte).

Procediamo casualmente e poi, affacciandoci da un ponti-
cello, vediamo un canotto circolare con sei persone sedute che
è trascinato dalle rapide (non troppo rapide) di un fiume. Non
abbiamo dubbi: si va. L'attrazione si chiama «Rio Bravo».

Ci mettiamo un po' di tempo a trovare l'ingresso e quando lo troviamo vediamo quello che ormai ci aspettiamo: una fila molto molto lunga, ben organizzata attraverso un percorso di corridoi che predispongono una processione a zig zag. Io mi avvilisco, sto per cominciare a inventare un motivo incredibile per cui il «Rio Bravo» è stato appena chiuso, ma poi guardo Camilla e Stella e le vedo eccitate e tranquille e non ho il coraggio. Dico solo: certo che la fila è lunga. E loro dicono: aspettiamo. Non c'è altro da dire: aspettiamo.

Sono molto ben organizzate le file. Durante il lento avanzare, possiamo trascorrere il tempo guardando una serie di monitor, in alto, che mandano immagini a circuito chiuso: è un montaggio di una serie infinita di incidenti motociclistici – non presi da incidenti per strada, ma da gare di moto. In pratica si vedono spezzoni di una quindicina di secondi in cui motociclisti volano dalle moto e rotolano sulla pista e altri che li evitano di un soffio o non li evitano e li colpiscono in pieno, di scontri, cadute in curva e cadute collettive. Perché lo fanno? Credo che sia lo stesso concetto delle montagne russe: si cade? Ci si ferisce? Si sta per morire? Ci piace, è divertente, vogliamo vederne ancora. Ogni tanto, mentre motociclisti si infrangono al suolo, appare la scritta in sovrimpressione: «VIVI IL DIVERTIMENTO!», oppure «Hai bisogno di trovare una sistemazione alberghiera? Rivolgiti agli uffici di Travelmix all'ingresso di Mirabilandia». Durante l'attesa in altre file, i monitor trasmetteranno variazioni come incidenti di gare automobilistiche e anche di piú insolite gare di tir. Incidenti molto spettacolari e sospetto non sempre a lieto fine.

Il «Rio Bravo» ci piace tantissimo. Tanto che le bambine mi strappano una mezza promessa che ci torniamo. Il canotto viene trasportato dalla corrente e fa dei piccoli salti e curve veloci e ci bagniamo un bel po', ma grazie ai consigli della receptionist non solo siamo in maglietta e costume, ma abbiamo anche un eventuale ricambio. L'unica cosa è che dura molto poco.

Per «All'arrembaggio», l'attrazione in cui si teleguidano le navi, bisogna comprare dei gettoni, e quindi non è gratuito. È successo che il gettone di Camilla è finito prima di quello di Stella (lei sostiene di no, ma secondo me forse è perché lo abbiamo inserito prima di quello di Stella) e c'è stato il primo tragico litigio, perché Camilla non voleva che Stella continuasse, Stella la ignorava, hanno cominciato a insultarsi e si sono leggermente picchiate – cioè si sono spintonate, poi hanno detto lei mi ha spintonato, poi si sono dette stupida o cretina, poi si sono date uno schiaffo veloce sul braccio o sulla spalla, poi hanno detto lei mi ha dato uno schiaffo, poi si sono tenute a lungo il braccio o la spalla come se fossero state colpite con un machete; io intanto mediavo – no, non ho detto: uno schiaffo per uno; però ho detto che si conoscono da quando sono nate, che si devono voler bene, poi mi innervosivo e urlavo che non meritavano di stare lí a Mirabilandia e che se non la smettevano entro un minuto saremmo andati via immediatamente, ve lo giuro, non mi credete?, poi vi faccio vedere se è vero; mi sembrava che stessero per smetterla e invece ricominciavano e io mi avvilivo, e alla fine l'unica cosa che ho potuto fare è aspettare che la smettessero. Perché poi loro la smettono all'improvviso, salvo quando una delle due dice: vuoi fare pace?, e l'altra con grande godimento dispettoso dice no – allora una urla che ha chiesto di fare pace e lei non ha voluto, poi si dicono stupida o cretina e si danno uno schiaffo o una spinta, poi dicono mi ha spinto, poi una delle due piange disperata dicendo mi ha fatto male e l'altra comincia a piangere di piú dicendo che non è vero, che l'ha appena toccata. Io non dico piú niente, oppure dico un ormai poco convincente: vi dovete voler bene.

Non dovete concentrarvi sul fatto che stavolta la reazione di Camilla fosse irrazionale. Non ha nessuna importanza, è solo uno dei milioni di casi di una casistica molto varia e del tutto inafferrabile per dati Istat o cose del genere. Litigano per questioni irrazionali, razionali, insensate, sensate, vogliono avere ragione sia quando hanno ragione sia quando hanno torto. Non ha nessuna importanza come succede: potrei farvi altri cinquecentoquarantamila esempi di una reazione razionale di Camilla, seicentododicimila di una reazione ir-razionale di Stella e cosí via.

La questione del gettone rivela che ci sono cose che i bam-bini non sanno attribuire al fato. Non hanno imparato ancora la questione della casualità. Mia figlia sa spiegare un quadro di Monet o sa guardare un film e dire che la tigre si salverà perché sa saltare il fuoco, lo hanno fatto vedere all'inizio; ma non ha ancora imparato che ci sono cose che accadono e non è colpa di nessuno. Lei pensa che ci sia sempre una vo-lontà, un'intenzione. Se le spiego che certo non è colpa di Stella se il suo gioco dura ancora, allora leggo nei suoi occhi la domanda alla quale non ho una risposta: allora, di chi è la colpa? Cioè, la risposta sarebbe: non è colpa di nessuno. Ma è proprio questa risposta che lei non capisce.

Ma la questione con Camilla e Stella è piú complessa e ha a che fare con il loro rapporto quasi morboso di parità – e quindi della durata identica di due gettoni diversi. Degli ac-quisti nel negozio di gadget ho già detto, ma non ho detto che è stato il momento di maggiore tensione per l'acquisi-zione dell'equilibrio. Queste due bambine – non so di chi è la colpa, se dei loro genitori (anche mia, per un quarto), dei caratteri o di chissà cos'altro (ma poi, che importa di chi è la colpa?) – hanno un allarme molto sensibile sulle questioni di ingiustizia e privilegio, su democrazia e distribuzione equa di averi e affetti. Anche gli schiaffi, gli spintoni, gli stupida o cretina, i pianti e i vuoi fare pace devono essere in misura paritaria, altrimenti quella che subisce il danno urla che ha ricevuto uno schiaffo in piú o ha detto una volta in piú che voleva fare pace, e ora non tocca piú a lei. E il problema piú grande è quando una delle due ha ragione, perché spiegare all'altra che ha torto è difficile; e spiegare a quella che ha ra-gione che non per questo bisogna che accadano queste cose è ancora piú difficile.

È tutta una questione di equilibri. Una questione continua e ossessiva di parità ed equità. Passare due giorni con Camilla e Stella è un esercizio continuo di democrazia, arbitrato, compromesso. È un modo per verificare dentro se stessi la capacità di essere una persona giusta, che per esempio non privilegia la propria figlia ma nemmeno privilegia la sua amica per mostrare di non privilegiare la propria figlia. Penso davvero che il capo di una coalizione di governo, di destra o di sinistra che sia, dovrebbe passare un paio di giorni con Camilla e Stella per capire in modo profondo cosa vuol dire l'arte della mediazione, e diventare finalmente qualcuno che sa come tenere insieme una coalizione. In questi due giorni, a un certo punto, mi è sembrato perfino di aver intuito nella sua essenza il valore storico della Democrazia cristiana, e ho capito perché ha avuto il potere per oltre quarant'anni: perché quelli lí avrebbero saputo mediare tra Stella e Camilla, se mi spiego.

Mangiamo un hot dog in un posto dove lo stand dell'hot dog non è solo uno stand dell'hot dog, ma è esso stesso un luogo colorato, eccentrico, giocoso. Continui a guardare se si può fare qualche altra cosa, tipo salirci su, scivolare giú, girarci intorno, buttarsi dal tetto. Cosí ogni altro luogo di ristoro è una messinscena western, maya, piratesca e quant'altro. Mentre addento l'hot dog, mi guardo intorno e vedo che tanti altri come me che sono seduti con bambini e amici addentano hot dog con beatitudine. Adesso mi sembra di capirli, di avere comprensione per tutti. È arrivata, come mi aspettavo, un'ondata di presa di coscienza. Ha attraversato quest'angolo di Mirabilandia dove vendono gli hot dog, come in altri momenti della mattinata ha attraversato altri angoli o piazzette o luoghi di ristoro. È una cosa che succede sempre, nei villaggi vacanze o in qualsiasi altro luogo del divertimento. È l'ultimo momento in cui ci si sente ancora in bilico tra uno sguardo tutto interno e l'ultimo barlume di sguardo esterno su se stessi. È il momento in cui ci si chiede

se non ci si sente un po' stupidi. E la risposta, attenzione,
non è: no. La risposta è: sí. Ma questo sí è comprensivo e
caloroso, suggerisce un diritto a essere un po' stupidi qualche volta nella vita, e cioè significa un diritto ad abbandonare quell'ultimo barlume di sguardo esterno su se stessi, e
a lasciarsi andare. Se c'è bisogno, a mente si ripassa l'elenco delle molte ragioni per cui si ha diritto a lasciarsi andare,
e che riguardano il lavoro, lo stress, la famiglia, la serietà,
i sacrifici, il mutuo e tutto quello che bisogna ricominciare a fare da lunedí. E l'autocomprensione diventa totale, si
staccano gli ormeggi definitivamente dallo sguardo esterno
e poi si va, avendo avuto l'ultima benedizione da se stessi,
una benedizione che appunto non nega la stupidità, ma anzi la evidenzia e la trasforma, anche con un po' di rabbia,
in un diritto. È solo un processo del genere che può portare
delle persone adulte a mettere una fascia in testa e a urlare
a braccia aperte quando un'automobilina cala giú improvvisa da un'altezza considerevole, a ridere senza respiro indi-
cando un amico che ha avuto paura, a infradiciarsi d'acqua
con una felicità eccessiva, a urlare a squarciagola venendo
giú da una montagna russa, a fare una fila di quasi un'ora
per un gioco di tre minuti, a tornare qui il giorno dopo con
un braccialetto colorato come lasciapassare per completare
il ciclo delle attrazioni.

Allo spettacolo di *Scuola di polizia* arriviamo circa venti
minuti prima, un po' per il terrore delle file, un po' perché ho
una gran voglia di sedermi da qualche parte e prendermi una
pausa. Le bambine mi seguono, abbastanza eccitate ma non
troppo perché non capiscono bene. Però quando arriviamo
già gli piace, perché è appunto un set cinematografico. C'è
una strada, una stazione di polizia in stile palazzi di cartone
hollywoodiani, una Fiat dei carabinieri ferma accanto a delle balle di fieno, pile di pneumatici. Di fronte, una tribuna
coperta che non sfigurerebbe come tribuna centrale in uno
stadio di calcio o in un íppodromo. È ampia, con scaloni di

cemento. Sta in un angolo di Mirabilandia e il tutto occupa uno spazio enorme.

Ci sediamo al centro della tribuna, Camilla e Stella le riempio di popcorn per tenerle buone e intanto a palla gli altoparlanti sparano in sequenza *Furia cavallo del West*, *Gelato al cioccolato* di Pupo, *Capito?* dei Gatti di Vicolo Miracoli, «Felicità-tà tà / l'accento sulla a» cantata da Raffaella Carrà. Una selezione rivolta non ai bambini, ma alla parte bambinesca dei loro genitori – me compreso. Perché è a quella parte della memoria di quando si era bambini o ragazzini che Mirabilandia si rivolge, a quelli che ora sono diventati adulti, perché i bambini si dà per scontato che si divertano, e anche i giovani vengono qui apposta. Ma quelli che sono i più complicati, i più importanti perché spendono i soldi, e anche coloro che vanno aiutati a perdere qualche resistenza del pudore, sono i più grandi, i quaranta-cinquantenni. È per loro la selezione musicale che li aiuta a perdere le difese.

Intanto è arrivato un clown, insieme alla gente che pian piano entra sempre più numerosa (col sottofondo di *Cicale* di Heather Parisi). Si è piazzato giú, nel corridoio della gradinata: me ne accorgo perché sento delle risate, ogni tanto, e guardo la strada o il commissariato ma non succede nulla. E finalmente capisco che è il clown che fa ridere. E fa ridere con il solito metodo: prende per il culo la gente. Non è cattivo, sia chiaro, è bonario come lo sono i clown e mostra soprattutto molto rispetto per i bambini che saluta porgendo la mano o carezzando loro la testa. Ma con i grandi no. A uso del resto del pubblico, li imita, fa smorfie alle spalle, li indica – e quelli che prende di mira sono ovviamente i più grassi, i peggio vestiti, quelli che hanno i calzini coi sandali, occhiali un po' vistosi, che addentano scomposti i loro panini. Alle spalle, non in faccia, li indica, li imita e ci fa ridere. Noi siamo complici perché siamo sicuri che non ci vestiremmo mai cosí, non mangeremmo mai cosí, non porteremmo calzini coi sandali e non diventeremmo mai cosí grassi. Poi il clown ci fa battere le mani a tempo, sulla canzone *La not-*

te vola di Lorella Cuccarini, dividendoci in tre settori e poi tutti insieme, facendoci fare una gara fra i tre settori a chi urla di piú alzando le braccia, e poi ci fa urlare e alzare le braccia tutti insieme, infine guarda l'orologio, saluta tra gli applausi e se ne va.

Con un'incredibile scelta di tempo, la musica viene interrotta e una voce avverte che sta per iniziare lo spettacolo, e puntualizza che ci saranno «azioni altamente pericolose» e quindi «è bene evitare ogni tentativo di imitazione dello spettacolo». Poi ci saluta anche la voce e ci augura buon divertimento.

Parte la sigla del Tg1, sparata ad alto volume. Si capisce che lo spettacolo ha inizio: la notizia del telegiornale parla di un pericoloso terrorista che è stato appena arrestato e deve essere portato in prigione. Poi escono due persone dalla stazione di polizia e subito la cosa si fa un po' difficile e un po' confusa: i due sono il colonnello e il maresciallo (o una cosa del genere), uno è vestito da militare e l'altro da carabiniere (che per una scuola di polizia potrebbe essere un azzardo di non poco conto), e poi in seguito usciranno poliziotti americani, italiani, reparti speciali, militari con tuta mimetica e gente che sembra proprio vestita da guardia notturna – insomma il concetto di tutore dell'ordine è globalizzato e genericizzato e può andare dal vigile urbano a Rambo, sembrano voler dire; e forse c'hanno pure ragione.

I due, che sono sia i personaggi principali della storia sia i narratori, complicano ancora di piú la vicenda con un racconto molto articolato sul fatto che è atteso a momenti il terrorista sotto scorta, che i suoi complici potrebbero tentare di liberarlo, che deve arrivare non si sa perché anche l'ambasciatore americano (il quale quindi amplia decisamente le sue funzioni); e poi parlano di serietà sul lavoro e giorni di ferie. Un vero casino, piú grave oltretutto perché non è improvvisato, ma fa parte di un copione. I due parlano molto, dicono di continuo: «Questo splendido pubblico» (e noi rispondiamo con un applauso soddisfatto, ogni volta). Quando appare una donna molto carina in divisa dei carabinieri con tailleur che disegna le gambe, il pubblico fischia come nelle riviste anni Cinquanta. Si può notare che i freni inibitori sono del tutto partiti e la gente, qui, oggi, ha una gran voglia di divertirsi e quindi di lasciarsi andare.

Quello dei due protagonisti-narratori che ha il ruolo comico è ovviamente un simpatico meridionale, forse napoletano ma forse anche no. La sua comicità è claudicante fino a quando non si rivolge direttamente al pubblico: lí, esplode. «Tu con la magliettina a strisce, con la faccia da imbecille», dice rivolto a uno del pubblico mentre sceglie alcuni di noi per fare non si sa cosa (devo puntualizzare, però, che colui che è stato offensivamente chiamato imbecille, mentre scendeva tre piccoli scalini per andare «in scena», è caduto e si è fatto pure male, e ha fatto tutto il numero zoppicando un po' – quindi in questo caso, forse, l'accusa violenta del comico non era del tutto... – no, non voglio dire, per carità, sono assolutamente indignato con il comico, solo che in questo caso... vabbè, lascio perdere); sceglie anche una signora un po' grassa, una scelta che sembra casuale ma non lo è, perché poi alla signora un po' grassa, tra l'ilarità del pubblico, viene fatto notare continuamente che è grassa, ma questo non è niente: alla fine del gioco il comico carabiniere napoletano la congeda cosí: «Saluti a càsa a papà Shrek». Se non mi credete, posso chiamare a testimoniare Camilla e Stella, che finora ci hanno capito ancora meno di me, ma che quando sentono Shrek si dicono: «Ha detto Shrek!»

Poi, com'era prevedibile, sceglie con accuratezza e occhio esperto anche una ragazza molto carina che è costretta a subire allusioni pesanti, fino a quando il comico similnapoletano decide che gli altri continuano lo spettacolo e lui con la ragazza va per un po' dentro l'edificio. Il pubblico applaude convinto. Poi le chiede se è fidanzata, se il fidanzato è lí, se lo fa indicare, il fidanzato ingenuo alza la mano per farsi vedere e il comico lo saluta col braccio alto e la mano che sventolando fa il segno delle corna. L'applauso è scrosciante, anche il fidanzato applaude, ma in modo meno scrosciante, mi pare. Tutti quelli scelti tra il pubblico entrano nell'auto dei carabinieri, che poi parte e dopo uno scoppio si spezza in due: la zona davanti, col guidatore, parte, l'altra rimane ferma e nuda. Applausi e il pubblico partecipante può tornare a sedersi. D'ora in poi i narratori appariranno e scompariranno come i presentatori del circo che fanno anche i clown, e intanto arriva il terrorista con la tuta arancione che poi riappare dietro le sbarre, arrivano i suoi complici su auto e moto che fanno spettacolari testacoda e avanzano con le moto solo sulla ruota posteriore e anche solo sulla ruota anteriore, e saltano su trampolini. Poi arriva l'insensatissimo ambasciatore che fa un inutile casino, i complici liberano il prigioniero, tutti – dai vigili urbani a Rambo – inseguono i malviventi con auto e moto (i due spiritosi lo fanno a piedi), le moto volano altissime, le auto fanno frenate spettacolari, i terroristi lanciano bombe che incendiano i palazzi con scoppi assordanti, una Cinquecento sale in verticale su per un palazzo, una Ferrari entra in un palazzo intera e ne esce tutta bruciata e poi alla fine – senza che la storia riesca a giustificare in nessun modo l'accadimento, ma della cosa ce ne freghiamo tutti, e piú di ogni altro se ne fregano Stella e Camilla, entusiaste del finale – le auto passano con due ruote laterali su un trampolino, poi proseguono solo su due ruote, e uno dei guidatori mette anche la testa fuori per salutare il pubblico, e sono tutti cosí, con le auto in bilico, inseguiti e inseguitori, e finisce con un grande applauso e uno dei narratori che dice: «E il divertimento continua a Mirabilandia, il parco del cuore». Che significa che ce ne dobbiamo andare. Però, ci dicono, lo spettacolo *Scuola di polizia* possiamo trovarlo anche in dvd o vhs nei negozi di Mirabilandia.

A proposito di parco del cuore, bisogna dire che la caratteristica migliore è il verde. La parte davvero piacevole di questa giornata consiste nel camminare da un'attrazione all'altra e godersi alberi, piante, giardini e composizioni flo-

reali. Tutto ciò che succede qui è immerso nel verde e questo
aspetto può giustificare molte altre cose – non però il comico
similnapoletano, sia chiaro. Involontariamente, passiamo per
la seconda volta davanti alla casa dei fantasmi, una specie di
riproposizione di una facciata western con sopra la struttura
tipica delle palestre ricoperte da un pallone aerostatico. C'è
una scritta, all'entrata, dove ci sono un miliardo di persone in
fila: «Attenzione: da evitare per persone facilmente impres-
sionabili». Il ragionamento che faccio è: se in un luna park
qualsiasi la casa delle streghe o dei fantasmi fa cagare sotto
(stavolta non solo me, ma di sicuro pure Stella e Camilla),
qui, che è tutto moltiplicato, che cosa terribile sarà? E cosí
sfodero la mia arte oratoria per convincere le bambine a non
andare. Dico che c'è un grande problema per la casa dei fantasmi, perché non solo è molto difficile che le facciano entrare poiché sono piccole – ma ci sono altri bambini in fila – sí,
lo so, ma appunto questo è il problema, forse ci fanno anche
entrare, ma sembra che poi se davvero succede qualcosa tipo
che una di voi ha davvero paura lí dentro non ci si può fare
niente, ma continuare fino in fondo, e pare che insomma una
signora poi ha sognato alcune cose per diversi giorni e voi lo
sapete che poi di notte è terribile, e poi in pratica dura un
sacco di tempo, mi hanno detto addirittura ore, e questo in
pratica ci impedirebbe di fare molti altri giochi e soprattutto
di fare il bis delle attrazioni che vi sono piaciute di piú (col
cazzo che gli faccio fare il bis delle attrazioni!, penso in gran
segreto), e poi credo che se si va nella casa dei fantasmi per
una serie di combinazioni di tempo e bonus/malus non posso piú comprarvi il gelato, e poi non ci voglio andare e basta.

E come al solito, alla fine, con mia grande soddisfazione
e orgoglio retorico, loro sono convintissime che non bisogna
assolutamente andarci.

Possiamo ricominciare. Non tanto a fare i giochi, ma a
fare le file. C'è l'«Autosplash», che a quanto pare è molto
ambito; infatti c'è una fila lunghissima. Tutte le entrate so-

no fatte in modo che delle transenne indichino un percorso
a zig zag perché la fila avanzi composta anche se è lunga un
chilometro. Il fatto che sapessero fin dall'inizio che ci sarebbero state file cosí lunghe, e che per questo hanno concepi-
to cosí le entrate, mi sta sul cazzo, mi sta molto sul cazzo.
È presuntuoso, anche se hanno ragione. Dico alle bambine:
certo che qui la fila è ancora piú lunga. Loro rispondono distratte: embè? Intanto che facciamo la fila, guardiamo le auto
sul monitor che volano sul pubblico, che si riducono in mille
pezzi, che si schiantano contro qualsiasi cosa.

Il problema è che non ce la faccio piú. Se potessi perdere
ogni controllo di me come non si può fare quasi mai, e non
si può fare in nessun modo quando sei responsabile di due
bambine di sette anni che affidano a te tutto il loro coraggio,
le loro certezze, il loro modo di stare al mondo – se potessi farlo, ma non posso piú, da sette anni a questa parte non
posso farlo proprio piú, caccerei un urlo disumano mentre
sillabo con tutta la violenza che ho in corpo: che palle ste file!!! Che palleeeee!!! E forse questo sfogo potrebbe anche
bastarmi per un altro po' di tempo, potrei anche continuare
a fare la fila come se non fosse successo niente e sopportando
gli sguardi preoccupati degli altri, preoccupati che io possa
tra poco fare gesti inconsulti. Ma avrei davvero bisogno di
questo sfogo, e il fatto di non potermelo permettere mi fa
incazzare ancora di piú. È questa la cosa che direi se qualcuno mi chiedesse com'è cambiata la mia vita da quando ho
una figlia: devo essere sempre responsabile, non posso piú
urlare che mi sono rotto le palle. Questo.

E poi il problema è che il tempo delle file è assolutamente sproporzionato rispetto al tempo dei giochi, che durano
tre minuti al massimo, tutti – e nessuno protesta, perché è
tutto gratis, ormai, i soldi che dovevamo pagare li abbiamo
già pagati e adesso siamo solo impegnati a fare quanto piú
possiamo. Se pagassimo ogni singolo evento, ci incazzerem-
mo molto per la durata, che è oggettivamente breve. Il mio,
lo so, è un caso a parte, perché io dopo una fila del genere

mi aspetto minimo minimo il concerto dei Beatles riuniti, e se qualcuno mi dicesse che è impossibile perché un paio di loro non ci sono piú, risponderei incazzato: è un problema vostro, io voglio il concerto dei Beatles e basta. O almeno la riproposizione identica di *The Wall* dei Pink Floyd, casomai ricostruendo uno scorcio di Venezia.

A parte me, dico, è un fatto oggettivo che non ci sia proporzione tra la durata della fila e la durata dell'attrazione. La fila dura dieci, venti, trenta volte di piú, a seconda dei casi. E io mi guardo intorno per vedere le stesse facce rabbuiate dal ragionamento, ma non le vedo. Mi guardo intorno e vedo un carnaio. Siamo uno dietro l'altro, tutti molto vicini. Sudati, bagnati, grassi, magri, con bambini che saltano sulle transenne, con fidanzati che si baciano con la lingua che si muove a vista. Ma è un carnaio paziente e allegro; sintetizzato dalla frase di un signore romano rivolto al suo gruppo di tre famiglie con bambini: «Dopo de questo s'annamo a vede li spettacolini e ce riposamo».

La situazione, mi rendo conto, è identica a quella del traffico durante l'esodo. Una riproposta in scala della stessa situazione – e allo stesso modo io impazzisco e tutti gli altri stanno tranquilli, ci sanno stare, assomigliano in modo perfetto a Camilla e Stella che non si stancano mai di fare la fila, ma si distraggono e parlano, giocano, fanno la lista dei compagni di scuola con cui potrebbero fidanzarsi, guardano e mettono a confronto i giochi che hanno fatto finora, si organizzano su come ci dobbiamo sedere, pensano a cosa dobbiamo fare dopo, e sempre parlano di rifare alcune cose che hanno amato: il «Rio Bravo», il trenino eccetera. È una questione che continuo a rimandare a dopo; dico: facciamo tutti quelli nuovi che ci piacciono e poi vediamo quanto tempo rimane per rifare quelli che ci piacciono di piú. Ma so dentro di me cosa penso: col cazzo che rifacciamo le file da capo per rifare attrazioni già fatte. Sarà molto semplice: non resterà tempo.

Anche perché qui si chiariscono molte cose riguardo alla paura. E il secondo giro non è affatto un raddoppiamento

del primo, non è affatto la stessa cosa. La paura si può de-
clinare e qui il primo giro è la paura dell'ignoto, non sai a
cosa vai incontro, mentre il secondo è la paura di quello che
hai già provato, quello che ti aspetti, che se ti ha fatto paura, appunto, almeno la prima volta ti è capitato senza che
te l'aspettassi. Adesso è invece davanti a te, inevitabile, sai
che arriverà, sai come e quando, e questa consapevolezza è
molto stressante.

La questione dell'affidabilità è molto seria, e qui io sono continuamente in bilico. Stella no, almeno fino a quando non glielo dice Camilla, ma mia figlia a un certo punto
si accorge che quando saliamo sulle automobiline o i trenini non comunico più quello che le comunico sempre quando
di notte ha paura, quando non sa fare qualcosa o semplicemente cammina per strada accanto a me: protezione e sicu-
rezza. Vi assicuro che è molto bello sentire che qualcuno ha
affidato a voi la sua possibilità di affrontare il mondo con
tranquillità, dà una responsabilità enorme ma poi ci si abi-
tua ed è anche bello. Solo che non si può più urlare: mi sono
rotto le palle di questa fila! Però Camilla comincia a sentire
che, quando andiamo su o torniamo giú in qualsiasi mezzo
divertente, io non mi diverto e ho paura. E se ne accorge in
modo definitivo in un trenino un po' truffaldino, nascosto
dentro delle rocce, di cui finiamo per vedere solo una grotta
(che è l'uscita) e una fila. Una fila non tanto lunga, stavolta.
Quindi, andiamo. Quando arriviamo davanti all'attrazione,
che si chiama «Explorer», mi faccio spiegare da una responsabile di cosa si tratta. Ci sono dei binari che girano intorno
e un trenino che sta sui binari. Non ci sono facce impaurite
né esilarate per la paura degli altri, e come dice anche la responsabile è una cosa tranquilla, il trenino fa un paio di giri
e arriva al massimo quassú. E quassú è un punto per niente
alto. Entriamo. Sono molto tranquillo, ne ho una di qua e
una di là, il trenino parte e comincia a girare e sembra davvero una cazzata rispetto a tutto il resto, ma poi comincia ad
accelerare e a curvare e io non faccio nient'altro che strin-

gere piú forte la barra che ci protegge. Questa stretta Stella non la sente, ma Camilla sí e comincia a urlare per la paura mentre il trenino curva in modo netto dalla parte opposta e lei si sente oltretutto un po' schiacciata da me. Urla di paura e quasi piange, stavolta, perché sente che è quello che vorrei fare io che pure continuo ad avere un sorriso piantato sulla faccia, le mascelle indurite, e penso che adesso è davvero finita, stavolta non ci salviamo, la barra si alza e la nostra paura si rivela motivata. Perché in fondo è questo che sento ed è questo che è destabilizzante: che la mia paura, visto che è cosí grande, è motivata. Sta per accadere qualcosa. E Camilla perde la sua tranquillità. Quando tutto finisce, Stella dice che le è piaciuto, Camilla dice di no. Stella mi chiede: e a te è piaciuto? Camilla risponde: a lui no. E io non dico niente.

L'attrazione che mi piace veramente è una sola e si chiama «La Pentola Magica». Ecco, «La Pentola Magica» mi conquista. Nella sostanza, è quella che negli altri luna park sono le tazze che girano su se stesse e intorno. L'obiettivo finale non è entusiasmante, perché tende a farti vomitare o al minimo a farti girare lo stomaco per un paio d'ore. Però è il concetto che mi piace: è l'unico gioco dove ognuno può andare alla velocità che vuole e divertirsi quanto vuole senza creare disturbo né condizionare gli altri. Ti metti nella tua pentola, la giostra parte e le pentole cominciano a girare in modo strano scambiandosi di posto e girando anche su se stesse, ma capisci subito che pur intrecciandosi, ognuna fa il suo percorso. Alcuni ragazzi nella pentola accanto ruotano un manubrio che è al centro della pentola, e quanto piú lo ruoti tanto piú vorticosamente la pentola gira su se stessa e alcune sembra stiano per decollare. La nostra gira intorno a discreta velocità, ma io mi guardo bene dal far capire a Stella e Camilla come mai le altre girano piú veloci. Rispondo: boh. Alla fine, l'hot dog è risalito fino quasi alle tonsille, però il fatto che quei ragazzi potevano girare su se stessi cosí velocemente e cacciando quelle urla e noi no, noi potevamo girare tranquilli come se il tempo lo dettasse il valzer del *Gattopardo*, mi piaceva. Poi andiamo anche su un uovo che va in giro a due all'ora e incontra dei dinosauri a grandezza naturale che si muovono un poco e un amplificatore accanto a loro, quando l'uovo arriva a pochi metri, caccia fuori un suono gracchiante per la qualità mediocre dell'impianto ed è un urlo terrorizzante per niente convincente. È 'na strunzata, ma Camilla e Stella non sembrano deluse e io finalmente sento che mi posso rilassare, perché è tutto a vista e, a meno che non ci sia una botola improvvisa che ci fa scendere negli abissi marini, non c'è niente di preoccupante. Poi facciamo varie altre attrazioni tra cui il «Leprotto Express», una specie di montagna russa adatta ai bambini di tre anni, e il mio colorito grigio alla fine mi fa vergognare davanti a genitori che ridono di me senza pudore. Poi butto per un po' le bambine dentro i giochi di «Bambinopoli», mi siedo su una panchina e, mentre le guardo senza perderle di vista per un solo secondo, cerco di rilassarmi.

Fino a quando si è fatta ora di andare. Elenco alle bambine quarantacinque motivi plausibili per cui è necessario uscire subito prima che Mirabilandia chiuda, altri settantadue per cui è meglio arrivare a Roma prima di una certa ora e altri quattrocentodue per cui non è possibile o non è conveniente o è controproducente fare dei bis. Stavolta è faticoso sia convincerle a rinunciare ai bis sia ad andare. Ma se c'è un aspetto positivo del lottare contro di loro, sta nel fatto che le bambine si alleano con tale forza che poi durante il viaggio di ritorno saranno molto allegre e non litigheranno nemmeno una volta, fino a quando si addormenteranno sfinite.

Tutto bene, direi. Tranne una costante che ho trascurato di raccontare e che ci ha accompagnato per tutta la giornata.

In verità, all'inizio non me n'ero accorto, eravamo concentrati ed entusiasti, alle prese con le mappe, le file, le attrazioni. Però a un certo punto ho visto una scena, e come se avessi riacquistato lucidità per un attimo, mi sono reso con-

Ora, è chiarissimo che questo luogo è stato costruito tenendo conto di file di attesa di una o due ore – per questo c'è il sistema di transennamento a zig zag a ogni attrazione; e del fatto che la gente si perde – per questo c'è un punto di ritrovo. Non si sono posti il problema di trovare una soluzione per evitare i due inconvenienti, ma si sono posti il problema di come gestirli. Non è simpatico. Non è simpatico costruire un luogo con due inconvenienti del genere e non risolverli ma imparare a gestirli. Ma tant'è.

Se uno non ci fa caso e riesce a rimuovere la cosa, sta meglio. Se uno è venuto qui con due bambine di sette anni di cui una è sua figlia e l'altra gli è stata affidata, e vuole molto bene anche all'altra, un po' comincia a farci caso, e se ci fa caso un po' comincia a prendergli il panico. Comincia a fare caso che anche questo era stato previsto, come le file, e che c'è un punto di ritrovo che è il luogo dove si chiede di fare l'annuncio e dove si aspetta il ritrovamento; c'è una persona che per tutto il giorno si occupa quasi soltanto di questo, di descrivere bambini persi e di chiedere loro di farsi accompagnare al punto di ritrovo. Anche perché, se uno comincia a farci caso, non fa solo caso al fatto che l'altoparlante annuncia con una certa frequenza che si è perso un bambino con un nome e delle caratteristiche, ma anche che non si fanno annunci di lieto fine. In fondo, non sarebbe male se qualcuno si preoccupasse di avvertire che poi sono stati ritrovati, che c'è stato un incontro commovente tra marito e moglie, tra genitori e figli (o anche che quando i genitori hanno visto il figlio avvicinarsi al punto di ritrovo l'hanno picchiato entrambi fino a tramortirlo – perché ha fatto mettere loro paura...) Ma per la mia esperienza nella vita, mi sembra che sia sempre cosí: la gente è molto brava a terrorizzarti e poi si dimentica di tranquillizzarti. Potrei fare un lunghissimo elenco di amici che mi chiamano immediatamente quando gli è successo qualcosa di terribile e poi rispondono a una mia telefonata allarmata, qualche tempo dopo, dicendo distratti: ah, sí, quella cosa lí, no, poi si è risolto tutto... Io mi lamento, loro dicono che ho ragione, ma poi me lo fanno di nuovo. Le persone hanno bisogno di compagnia e condivisione quando stanno male, ma poi i momenti felici vogliono viverseli tutti da soli; mentre tu sei ancora lí che ti struggi per loro, loro si sono dimenticati di avvertirti che poi si è risolto tutto. E qui è lo stesso.

A meno che.

A meno che, e questo è molto peggio, qualcuno che si preoccupa di dire che i dispersi sono stati ritrovati, *c'è*. Eccome se c'è – visto che qui pensano a tutto. Salvo che non è stato ritrovato nessuno di quelli che finora si sono persi.

Può darsi che sia una cosa che si mette in conto qui, in questo labirinto di Mirabilandia: si arriva in tanti e si esce decimati. Non tornano tutti. È possibile.

Io comunque mi tengo strettissime Stella e Camilla. Non voglio tornare a casa senza una di loro (o senza nessuna delle due). Il mio obiettivo minimo, da quando mi accorgo che cominciano a perdersi i bambini, diventa uscire da lí con tutt'e due, tornare a Roma con tutt'e due. Per quanto Mirabilandia possa essere divertente, penso, non ne vale la pena. In fondo, lottiamo con molte argomentazioni affinché i nostri figli non vadano in territori pericolosi con il compito di imporre la democrazia, figuriamoci perderli in un labirintico parco giochi.

Oltretutto, perdi figli, genitori, compagni di vita, e non basta. Perché poi vai fuori e non trovi piú nemmeno la macchina. Non è una bella scena vedere qualcuno che torna a casa dopo Mirabilandia e dice: sí, è stato divertente, solo che... ecco, ho perso un figlio e non sono riuscito a ritrovare piú la macchina.

Epilogo
L'Italia pensosa

> Oggi un marziano è sceso con la sua aeronave a Villa Borghese, nel prato del galoppatoio. Cercherò di mantenere, scrivendo queste note, la calma che ho interamente perduta all'annunzio dell'incredibile evento, di reprimere l'ansia che subito mi ha spinto nelle strade, per mescolarmi tra la folla.
>
> Ennio Flaiano, incipit di *Un marziano a Roma*

Diciamoci la verità: chi se l'aspettava. Dico, fino a un po' di anni fa, chi se l'aspettava che un giorno – anzi una notte, una almeno, ogni anno – Roma sarebbe stata invasa da ogni tipo di essere umano alla ricerca spasmodica, compulsiva, irrefrenabile di un evento culturale di cui cibarsi, che fosse letteratura, arte, cinema, musica, teatro, installazioni e altre combinazioni varie. Chi se l'aspettava di non riuscire a camminare per le strade quasi schiacciato dalla folla, senza che fosse perlomeno capodanno oppure la vittoria del mondiale di calcio. Chi se l'aspettava che gli autobus fossero pieni di persone che i deejay fanno ballare mentre si dirigono a un reading di poeti. È come se la città fosse stata invasa da extraterrestri, dopo secoli di attesa e di ipotesi, e quello che gli extraterrestri portano – ipotesi mai fatta, del tutto spiazzante – è cultura. Cultura di ogni tipo e forma, di ogni grado e qualità. Cultura in quantità. In ogni angolo, in ogni luogo possibile. E gli umani accorrono, sorpresi e incuriositi. E soprattutto ben disposti. E tanti, tantissimi, una folla enorme, improvvisamente assetata.

Chi se l'aspettava, soprattutto, per quanto mi riguarda, di trovarmi coinvolto dentro questa invasione di extraterrestri portatori di cultura, io che sono nato e ho vissuto piú di vent'anni in una città di provincia dove quando arrivava uno spettacolo, per esempio, di Leo De Berardinis, eravamo in dodici a guardarlo, e non tutti restavano fino alla fine.

E invece era proprio per Leo De Berardinis che avrei dovuto sospettarlo, che sarebbe finita cosí, a Roma. Avevo i
mezzi e la storia personale che avrebbero dovuto aiutarmi.
Non l'ho citato a caso, infatti. Perché tra quei dodici c'eravamo io e il mio amico Antonio. Poi noi due abbiamo deciso di andarcene a vivere a Roma. E dopo qualche giorno
che eravamo a Roma, al Teatro Argentina era annunciato il
nuovo spettacolo di Leo De Berardinis (non ne sono sicuro, ma credo fosse *Il ritorno di Scaramouche*). La prima era il
martedí e poi l'avrebbero tenuto ancora per tre settimane,
e già questo era per noi del tutto sorprendente; ci sembrava
uno sproposito, una follia. Il martedí sera siamo andati, bal-
danzosi e saccenti, alla prima dello spettacolo, come se an-
dassimo in un cinema qualsiasi. Senza prenotazione, senza
biglietto. Siamo arrivati davanti alla cassa e abbiamo detto:
«Due, grazie».
   Dieci minuti dopo, eravamo seduti sul marciapiede davanti al teatro, piú allibiti che affranti. Non capivamo, non
avevamo i mezzi per comprendere, né eravamo in possesso
di contromisure. I biglietti erano esauriti, non solo per la prima di quella sera, ma per tutte e tre le settimane. Noi pensavamo che a Roma non andassero in dodici a vedere Leo
De Berardinis, ma in ventiquattro, trentasei, mettiamo pure quarantotto. Questo pensavamo, in proporzione. Ecco,
in quel momento avremmo dovuto accorgerci piú di ogni altro, piú di chi era entrato la sera della prima, che quello era
il segnale evidente che gli extraterrestri stavano arrivando e
diffondendo una sorta di morbo. Avremmo dovuto capirlo
quella sera, perché avevamo il punto di vista giusto: i pro-
vinciali in città. Ma non avevamo i mezzi. Del resto, in una
città di provincia vivi con la certezza che gli extraterrestri
non atterreranno. Non lí. Quindi, non sei allenato.

   Si chiama «La notte bianca». È la notte degli extraterrestri, appunto. Una notte dell'anno in cui la città propone

eventi culturali a centinaia, fino all'alba, chiedendo alla gente di restare sveglia e di riappropriarsi della città di notte. Chiedendo quindi ai commercianti di tenere aperti negozi e ristoranti, organizzando una lunga serie di aumenti esponenziali dei mezzi di trasporto pubblico notturni.

La risposta dei cittadini è splendida o incredibile o spaventosa – a seconda dei punti di vista. Da poco dopo il tramonto cominciano a muoversi, a riempire la città. La gente esce dalle case, dalle metropolitane, dai treni che provengono da vicino e da lontano. Scende dalle auto, dagli autobus. E la riempie, in particolare riempie il centro storico, ma lo riempie in modo letterale: è tutto pieno, ogni centimetro quadrato. Tutti in cerca di cultura.

Per quello che mi riguarda, sono in una fase intermedia particolarmente stressante e poco soddisfacente. Quando sono cominciate le notti bianche, mia figlia era troppo piccola per partecipare. Cosí, la prima volta sono andato a fare una lettura in biblioteca, ho visitato un museo, ho visto un concerto nella cavea dell'Auditorium, sono andato a mangiare in piena notte con amici, sono rimasto al buio all'improvviso per il grande black out – tutto in mezzo a una gigantesca quantità di persone. Questo per quanto riguarda il passato.

Nel futuro, invece, tra qualche anno, mia figlia girerà fino al mattino con i suoi amici collezionando un numero di eventi visti che potrebbero anche stabilire dei record potenzialmente omologabili dal *Guinness dei primati* (anche *Il guinness dei primati* è cultura).

Ma adesso, *adesso*, è in quel periodo della vita, che durerà qualche anno, in cui non è piú piccola e non è ancora grande. In cui non vuole piú stare a casa ma non ha nessuna autonomia. E quindi vuole partecipare alla notte bianca e quindi bisogna andare a vedere, nella sostanza, eventi che a lei possano piacere. E la questione ancora piú delicata è che questi eventi ci sono. Durante la notte bianca c'è tutto. Qualsiasi cosa per qualsiasi gusto. Appena dopo il tramonto, sono stato perfino al Globe a vedere uno spettacolino con Geronimo

Stilton: c'era una fila lunga svariati chilometri e quando siamo entrati abbiamo assistito a delle canzoncine, e alla fine mia figlia era molto scettica (figuratevi io). Per ogni evento ci sono chilometri di fila. Credo ci abbia ricordato qualcosa. L'analogia con Mirabilandia è, direi, mirabile.

Per la sera, abbiamo scelto gli acrobati a piazza del Popolo. Era anche un modo di evitare le file. Abbiamo lasciato lo scooter alle spalle di piazza Venezia alle nove e siamo tornati a casa all'una; lo spettacolo degli acrobati sul filo è durato un quarto d'ora – un quarto d'ora molto bello perché un uomo e una donna sono saliti su un filo sino a un'altezza pazzesca, e da lí hanno scalato delle aste che arrivavano nel buio del cielo; e in cima alle aste, dondolandosi che sembravano volare, hanno fatto una serie di cose pericolose e armoniose quali allungarsi, volteggiare, appendersi, disegnare figure. Hanno fatto persino la verticale con le punte dei piedi che toccavano il cielo. E la quasi totalità degli spettatori (me compreso) era ammirata e angosciata, si teneva tutte e due le mani sulla bocca e pensava: oddio, adesso cadono.

Ma non sono caduti.

Il resto del tempo lo abbiamo trascorso cercando di farci largo tra piazza Venezia e piazza del Popolo, all'andata e al ritorno, in un mare di gente. Piú di quanta ce ne fosse a Mirabilandia, negli autogrill in un weekend di esodo, in un cinema dove davano il film di Natale; meno solo rispetto ai telespettatori di *Domenica in* (ma quelli non stanno tutti insieme, sono divisi per case): una quantità spropositata persino per il capodanno e la vittoria ai mondiali di calcio. Erano di piú, di piú, di piú. Abbiamo camminato dalla parte sbagliata, prendendo il flusso contrario e subendo circa trecento spintoni; abbiamo camminato nel flusso giusto, continuando a fermarci come nel traffico delle otto di mattina, solo che eravamo tutti a piedi e non in macchina. Abbiamo scelto stradine laterali e in una di queste siamo rimasti imbottigliati in un ingorgo pedonale che è diventato spaventoso quando qualcuno ha cominciato a spingere e non c'era modo di uscire. Ho preso mia figlia sulle spalle e ho continuato a dirmi che non dovevo farmi prendere dal panico e che alla fine sarei uscito da lí. Alla fine ne siamo venuti fuori. Alcuni altri sono stati presi dal panico e si sono sentiti male, forse perché hanno pensato che non ne sarebbero usciti. Abbiamo tentato di avvicinarci al Campidoglio, ai Mercati di Traiano, a Palazzo Venezia, ma era impossibile. Tutta la città era impegnata nel fare i nostri stessi sforzi, spingendo e venendo spinti, per ascoltare una canzone, vedere degli acrobati, la scrivania di Quintino Sella, un quadro di Matisse, una lettura di poesie. Ognuno di noi disposto a qualsiasi sacrificio pur di ottenere qualcosa in questa notte bianca.

Abbiamo incontrato un gruppo di nonsochí vestiti con eleganti abiti ottocenteschi e lanterne in mano, che continuavano a ridere in modo sguaiato intanto che indicavano. A un certo punto hanno indicato anche me e mia figlia, e riso molto mentre si davano di gomito. Io non riuscivo a capire perché ridevano, ma mia figlia ha detto che secondo lei lo facevano per il fatto che eravamo diversi da loro. Forse aveva ragione – anche se avrei voluto obiettare che piú esattamente erano loro a essere diversi da noi, ma ho capito in tempo che il gioco era proprio quello. Abbiamo visto dei ragazzi bere birra e infilare tutte le bottiglie vuote nella fontana di piazza del Popolo. Ho sentito un venditore ambulante di bibite dire a una ragazza straniera che una bottiglietta d'acqua minerale costava cinque euro. Siamo passati accanto a un palco dove una musica new age accompagnava una decina di parrucchieri che vestiti tutti in arancione acconciavano i capelli di alcune signore, e mentre mia figlia li guardava ho avuto la tentazione di coprirle gli occhi, ma non l'ho fatto. Anche questa è cultura. Abbiamo incontrato sfingi e danti alighieri e statue della libertà immobili che si piegavano a ringraziare per una moneta. Un tale con la chitarra che ha detto: «Avete qualche centesimo per un cantautore?» Ho constatato che, lí dove eravamo, non potevamo andare piú da nessuna parte, solo a casa ci saremmo sentiti in salvo. All'una, in via Cavour, erano annunciate delle giraffe colorate, un altro evento molto attraente. Via Cavour era per un tratto piena di gente e per un altro tratto piena di auto. Mia figlia voleva andarci, io ho inventato una serie di motivi apocalittici per cui quell'evento era stato annullato all'improvviso. Lei ci ha creduto e siamo andati a casa.

Nel racconto *Un marziano a Roma* di Flaiano, all'improvviso un marziano appare nella città e la città impazzisce: la gente non si occupa d'altro, i giornali non si occupano d'altro, viene ricevuto dal presidente della Repubblica e poi dal papa, lo invitano in ogni luogo e tutti sono a conoscenza di ogni passo che compie il marziano. L'evento è piú che straordinario, ma il marziano commette un errore: non se ne va, rimane. Accetta, per esempio, di far parte di una giuria di artisti e di scrittori per l'elezione di «Miss Vie Nuove». E pian piano la gente comincia a stufarsi. Il momento piú chiaro della sua fine si compie all'aeroporto, all'arrivo di un'attrice americana. Tutti, giornalisti e fotografi, sono lí per accoglierla; ci va anche il marziano che, mentre lei scende dall'aereo, si piazza ai piedi della scala. E i fotografi esasperati gli urlano: «A marzia', te scansi?»

Il mio particolare marziano a Roma è individuabile in uno scrittore molto bravo e conosciuto che si chiama Ian McEwan. Mi spiego. McEwan è tra i miei scrittori preferiti e quando vivevo in provincia non solo divoravo i suoi romanzi, ma la distanza fisico-spirituale tra me e lui *in carne e ossa* mi appariva incolmabile. Eravamo due mondi diversi, distinti, che non potevano comunicare (se non attraverso i suoi libri): lui era per me un extraterrestre – un marziano, appunto; ero sicuro che non lo avrei mai visto in vita mia. Poi sono venuto a Roma, in pianta stabile. E una volta ho letto sul giornale che McEwan avrebbe parlato alla sala della Protomoteca del Campidoglio. Mi sembrava impossibile. Non avrei mai immaginato di poterlo vedere dal vivo. Ma adesso che vivevo a Roma poteva succedere anche questo. Sono andato lí due ore prima, per paura che non ci fossero posti – dopo aver superato lo choc dello spettacolo mancato di Leo De Berardinis ho cominciato a integrarmi, a farmi furbo. E ho ascoltato ogni sua parola con voracità. Poi McEwan ha cominciato a venire a Roma – non in pianta stabile come me, però con una certa frequenza, diciamo qualche volta ogni anno. All'inizio, ascoltavo i suoi interventi in qualsiasi angolo di Roma in religioso silenzio. Poi a un certo punto ha cominciato a farmi fatica andare a sentire un'altra volta McEwan che, poverino, su per giú dice sempre le stesse cose. Infine, non ci sono andato piú. Non solo. Ma una volta ho sentito la mia voce dire: «E che palle, sto McEwan!» Ero scandalizzato da me stesso, ma era successo.

Chi se l'aspettava che, nella sostanza, la notte bianca diventasse subito eccessiva, sfinente, per molti versi insopportabile. Chi se l'aspettava una parabola cosí veloce per cui una concezione come la notte bianca fosse prima una cosa impensabile, poi una specie di sogno impossibile, poi una cosa realizzabile, dopo ancora realizzata e riuscitissima, e alla fine anche difficile da tollerare. Chi se l'aspettava che già un gran numero di persone se ne scappa da Roma o si chiude in casa come se ci fosse la calata dei barbari.

Mi sono chiesto se l'anno dopo avrei avuto anch'io voglia di scappare e ho sentito che era quello che stava per accadermi, anche se quel provinciale di tanti anni fa mi chiedeva se fosse meglio il teatro con dodici persone o la città immobilizzata dalla moltiplicazione infinita di quelle dodici persone. Non avevo una risposta, e come succede nel gioco della torre (chi vuoi buttare giú? Tuo padre o tua madre? Tuo figlio o tua figlia?) ho cominciato a dire che forse c'era una via di mezzo tra dodici persone e milioni di persone. Prendevo tempo e non riuscivo a rispondere.

Cosí pensando, mentre lí fuori giraffe colorate attraversavano via Cavour, vinici caposseli cantavano canzoni, jazzisti facevano assoli interminabili e scrittori stavano per concludere maratone di lettura, mi sono addormentato. E ho sognato.

Vivevo in una Roma diversa, guidata da un sindaco incazzato e un po' fascista che quando sentiva la parola cultura scoppiava a ridere e sputava per terra con trasporto simbolico; che se ne fregava se un teatro storico moriva, anzi era un po' contento; un sindaco che ordinava la chiusura a catena di varie sale cinematografiche e restava indifferente davanti alle proteste di uno sparuto gruppo di persone indignate; un sindaco che senza nemmeno aspettare che tutte le case della letteratura, del jazz, del cinema eccetera andassero in rovina, le sequestrava e convocava architetti, ordinando loro di trasformarle in mattatoi e in qualche megafabbrica, casomai anche tossica.

Quando mi sono svegliato stavo bene, meglio di quand'ero andato a dormire. Era sparito tutto: l'angoscia, il panico e la fatica della sera prima. Mi sentivo rasserenato, rassicurato. Piú leggero. Anche perché, nel sogno, io quel sindaco fascista non l'avevo votato, ma avevo votato il suo avversario: colto, intelligente e con tante meravigliose idee.

Ma, grazie a Dio, avevamo perso.

Indice

Stampato per conto della Casa editrice Einaudi
presso ELCOGRAF S.p.A. - Stabilimento di Cles (Tn)

C.L. 22291

Edizione

2   3   4   5   6   7   8

Anno

2015   2016   2017   2018